D1735341

DIESES HANDBUCH DIENT DEM
AUSSCHLIESSLICHEN GEBRAUCH
DURCH DAS OBERHAUPT DER
RÖMISCH-KATHOLISCHEN KIRCHE

.....................................................................................................

signas hic (unterschreiben Sie hier)
DER PAPST

**PAPST WERDEN** *
**LEICHT GEMACHT**

Piers Marchant

# PAPST WERDEN LEICHT GEMACHT

CARLSEN

Papst werden – leicht gemacht
I 2 3 4  09 08 07 06
Alle deutschen Rechte bei Carlsen Verlag GmbH, Hamburg 2006
Titel der Originalausgabe: »How to be Pope«,
text by Piers Marchant, illustrations by Rodica Prato.
Copyright © 2005 by Quirk Packaging, Inc.
Illustrations by Rodica Prato © 2005
All rights reserved.
First published in English by Chronicle Books, San Francisco, California.
Umschlagfoto: ddp
Übersetzung aus dem Amerikanischen: Jochen Schürmann
Redaktion: Bettina Lahrs
Herstellung: Constanze Hinz
Seitenaufbau: Verlagsbüro Schürmann, Wedel
Druck und buchbinderische Verarbeitung:
Westermann Druck Zwickau GmbH
ISBN 13: 978-3-551-68156-0
ISBN 10: 3-551-68156-2
Printed in Germany

*Du bist Petrus und auf diesen Felsen werde ich meine Kirche bauen und die Mächte der Unterwelt werden sie nicht überwältigen.*

—Matthäus 16,18

*Trotz der großen Schwierigkeiten: Ich nehme die Wahl an!*

—Johannes Paul II., Papst

# Inhalt

# Glückwunsch, Eure Heiligkeit,

## und willkommen auf dem Heiligen Stuhl!

Herzlichen Glückwunsch, wir – pardon – Sie sind

Papst! Damit stehen Sie an der Spitze eines Unter-

nehmens, das auf eine fast 2000-jährige Tradition

zurückblicken kann. Nur der Kaiser von Japan führt

eine noch länger bestehende Firma. Als Inhaber des

Heiligen Stuhls – was die Führung des Vatikanstaates,

der römisch-katholischen Kirche, des Kardinals-

kollegiums sowie aller Abteilungen der römischen Kurie

beinhaltet – sind Sie nun der mächtigste Mann in der

Kirche und der Vertreter von über einer Milliarde

Gläubigen auf der ganzen Welt. Damit tragen Sie viel

Verantwortung, doch die Kardinäle haben in ihrem

Konklave entschieden, dass Sie der Beste für diesen Job

sind. Dieses Handbuch soll Ihnen helfen, die neue Herausforderung gut informiert anzugehen. Da die Kirche es immer verstanden hat, Informationen über interne Vorgänge geheim zu halten, sollten Sie das vorliegende Buch aufmerksam lesen. Hier finden Sie das gesammelte Insiderwissen der letzten zwei Jahrtausende. Anhand von leicht verständlichen Texten, zahlreichen Illustrationen und vertiefenden Wiederholungen eignen Sie sich in kürzester Zeit die notwendigen Grundlagen an. In übersichtlichen Lernschritten werden Ihnen die einzelnen Aufgabenbereiche nahe gebracht *(Päpstliches Grundwissen)*; Sie erfahren alles Wissenswerte *(Zu Eurer Heiligkeit Information)*, und auf *Häufig gestellte Fragen* erhalten Sie klare Antworten.

*Urbi et orbi.*

# Vatikan

1. **Apostolische Bibliothek**
2. **Turm der Winde**
3. **Pigna-Hof** (darunter: Geheimarchiv des Vatikan)
4. **Galeerenbrunnen**
5. **Apotheke, Medizin. Dienste, Telefonzentrale**
6. ***L'Osservatore Romano,*** Büros
7. **Wachdienst**
8. **Kirche St. Anna**
9. **Postamt**
10. **Kaserne der Schweizergarde**
11. **Staatssekretariat** (Apostol. Palast)
12. **Audienzsaal**
13. **Haus der hl. Martha**
14. **Sakristei Petersdom**
15. **Tankstelle**
16. **Bahnhof**
17. **Kaufhaus**
18. **Palast des *governatorate* des Vatikanstaats**
19. **Johannesturm**
20. **Helikopterlandeplatz**

Vatikan. Gärten

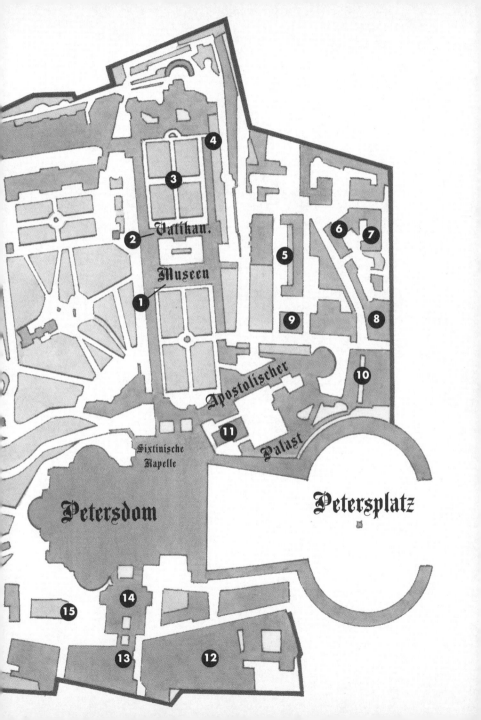

Vatikan.

Museen

Sixtinische
Kapelle

Apostolischer

Palast

Petersdom

Petersplatz

# KAPITEL I

# Der neue Job

Sie sind der Nachfolger des heiligen Petrus, der Anchorman der Kirche und für über eine Milliarde Glaubensbrüder und -schwestern überall auf der Welt die Verkörperung des katholischen Glaubens schlechthin. Sie sind der Chef einer Organisation, die seit 2000 Jahren besteht, und Sie führen – last but not least – die Regierungsgeschäfte des kircheneigenen Stadtstaats, des Vatikan. Es gibt also viel zu tun, packen Sie es an! Dennoch sollten Sie sich zunächst in aller Ruhe mit Ihren Aufgaben und Ihrem neuen Umfeld, mit Ihrem Arbeitsplatz und Ihren Mitarbeitern vertraut machen.

## Päpstliches Grundwissen

### DIE WAHL DES RICHTIGEN NAMENS

Dass Sie einen neuen Namen bekommen, soll den Beginn
Ihres neuen Lebens als Heiliger Vater symbolisieren. Diese
Tradition wurde 533 von Papst Johannes II. begründet, der
eigentlich Mercurius hieß und der die Namensähnlichkeit
mit dem heidnischen Gott Merkur für unpassend hielt.
Seitdem haben Päpste mit der Wahl ihres Namens ihre Ehr-
erbietung für Amtsvorgänger, Heilige oder Apostel bezeugt.
Nur Petrus, der Name des allerersten Papstes, wurde nie
wieder verwendet. Seit Johannes Paul I. besteht auch die
Möglichkeit, einen Doppelnamen anzunehmen und so mit
der Zählung wieder bei I. beginnen zu können.

## Zu Eurer Heiligkeit Information

### SINGULAR ODER PLURAL?

In der Vergangenheit haben sich Päpste bei der Bezeichnung der
eigenen Person meist der 3. Person Singular bzw. des Pluralis
Majestatis, des königlichen »Wir«, bedient. Der »lächelnde
Papst« Johannes Paul I. war 1978 der erste, der darauf verzich-
tete. Sein Nachfolger Johannes Paul II. (JP II) blieb beim
bescheidenen »ich«, während Benedikt XVI. 2005 zum Pluralis
Majestatis zurückkehrte. Wenn Sie noch nicht sicher sind, wie
Sie das handhaben wollen, stellen Sie sich vor den Spiegel und
sagen Sie laut: »Ich hätte gern ein Mettbrötchen« und »Wir
hätten gern ein Mettbrötchen«. Entscheiden Sie dann, was besser zu Ihnen passt.

## NAMENSSTATISTIK

Hier je drei der am häufigsten und der am seltensten verwendeten Papstnamen:

**Johannes** (XXIII), der beliebteste Papstname aller Zeiten
**Gregor** (XVI)
**Benedikt** (XVI)
**Linus** (I)
**Soter** (I)
**Theodor** (I)

## NATIONALITÄTEN DER PÄPSTE

Die 264 Päpste, die dem heiligen Petrus im Amt gefolgt sind – bzw., um genau zu sein, 262, da Benedikt IX. in den turbulenten Zeitläuften des Mittelalters dreimal zum Papst gewählt wurde –, waren folgender Nationalität:

**205** Italiener (106 Römer)
 **19** Franzosen
 **14** Griechen
  **8** Syrer
  **6** Deutsche
  **3** Afrikaner
  **2** Spanier
je **1** Österreicher, Pole, Palästinenser, Engländer und
      Niederländer

## Häufig gestellte Fragen
### WELCHER PAPST HATTE DIE LÄNGSTE, WELCHER DIE KÜRZESTE AMTSZEIT?

Den Rekord hält Pius IX. mit 32 Jahren (1846–78). Die kürzeste Amtszeit war Stephan II. beschieden, der 752 nur einen Tag nach seiner Wahl an einem Schlaganfall starb.

### DER APOSTOLISCHE PALAST (VATIKANPALAST)

Sowohl Ihre Dienstwohnung als auch Ihr Büro befinden sich im Vatikanpalast. Die offiziellen Räume liegen im 2., die Privatgemächer im 3. Stock mit Blick auf den Petersplatz. Nur unwesentlich kleiner als der (unbewohnte) Palast des Dalai Lama in Tibet, gehört Ihr Amtssitz zu den größten Palästen dieser Art auf der Welt. Mit über 1400 Zimmern, 1000 Treppen und 12 500 Fenstern stellt der Komplex eine gewisse Herausforderung für Ihren Orientierungssinn dar.

* Ihre Privatgemächer umfassen sieben große Zimmer, einen Dachgarten, Wohnräume fürs Personal, ein großes Esszimmer sowie ein Arbeitszimmer mit Ihrem Schreibtisch und der üblichen Bürotechnik.

* Bei der Möblierung Ihrer Räume haben Sie freie Hand. Manche Päpste haben ihre Gemächer üppig im Stil einer Präsidentensuite ausstatten lassen, andere bevorzugten ein eher minimalistisches Ambiente. Wofür Sie sich auch entscheiden – das geräumige, marmorverkleidete Badezimmer bietet in jedem Fall höchsten Badekomfort.

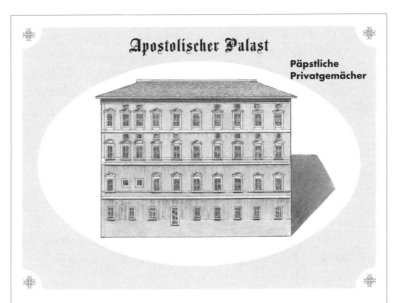

**Apostolischer Palast**

Päpstliche
Privatgemächer

✣ Eine Kapelle in Ihren Privatgemächern ist mit 40 Sitzen
bestückt, in Reihen zu je vier Plätzen hinter Ihrem
Bronzesessel, in dem Sie dem Altar zugewandt sitzen.

✣ Der Besuchern zugängliche Teil Ihres Amtssitzes, in dem
Sie wichtige Gesprächspartner und Würdenträger emp-
fangen werden, umfasst eine Anzahl prächtiger Säle wie
den Clementinensaal, der für große Anlässe und
Empfänge des Hochadels genutzt wird. Im Konsistorial-
saal treffen Sie niedrigere Würdenträger, in der Halle
der Päpste steht eine gigantische Skulptur von Bonifa-
tius VIII. Für große Besuchermassen bietet sich der
Audienzsaal an, in dem Ihnen ein Thron zu Füßen von
Pericle Fazzinis Bronze-Christus zur Verfügung steht.

❖ Auch die päpstliche Bibliothek befindet sich im 2. Stock. Wenn von Besuchen hochrangiger Gäste wie George Bush oder dem Dalai Lama im Fernsehen berichtet wird, finden diese Treffen meist in der Bibliothek statt. In den Regalen stehen Bibeln aus allen Jahrhunderten und aller Sprachen sowie die gesammelten päpstlichen Enzykliken.

❖ Nach dem Anschlag auf JP II wurden die Dachterrasse und das Fenster, an dem Sie sich der Menge zeigen, 1981 mit schusssicherem Glas ausgestattet.

❖ Im Palast wohnen auch einige Ihrer wichtigsten Kardinäle, deren Privaträume sich an anderer Stelle im Gebäudekomplex befinden.

❖ Die Staatsbank des Vatikan residiert etwas versteckt in einem Türmchen an der Ostfassade.

### Häufig gestellte Fragen
**WAS IST EIN GEGENPAPST?**
Ein Gegenpapst ist jemand, der sich unter Missachtung des tatsächlichen Amtsinhabers selbst zum Papst erklärt und eigenmächtig päpstliche Pflichten übernimmt. Der letzte Hochstapler, der dies versucht hat, war Felix V. (1440–49).

### Häufig gestellte Fragen
**WAS, WENN MIR MEINE WOHNUNG NICHT GEFÄLLT?**
Wenn Sie die Einrichtung scheußlich finden, dürfen Sie die Zimmer nach Ihrem Geschmack neu ausstatten lassen.

## Zu Eurer Heiligkeit Information
## PÄPSTLICHE RENOVIERUNGEN

Einige Ihrer Vorgänger hatten sehr genaue Vorstellungen davon, wie ihre Privatgemächer aussehen sollten.

---

❋ Die päpstliche Residenz wurde 1198 für Innozenz III. erbaut. Die erste Grundrenovierung der Privatgemächer wurde 1503 vorgenommen, als Julius II. beschloss, seine Wohnung ein Stockwerk über den Räumen einrichten zu lassen, die Vorgänger Alexander VI. bewohnt hatte.

❋ 1508 beauftragte Julius II. den Baumeister und Künstler Raffael mit der Ausstattung seiner Privatgemächer. Fast zehn Jahre benötigte Raffael für die Vollendung. Das Ergebnis war so Aufsehen erregend, dass der nachfolgende Papst, Leo X., den Künstler zum Chefarchitekten des Petersdoms ernannte.

❋ Pius XI. veranlasste zu Beginn des 20. Jh.s die Modernisierung der Räumlichkeiten und ließ alles auf den neuesten Stand bringen: Rohrleitungen wurden eingezogen, die Küche elektrifiziert und der päpstliche Aufzug eingebaut.

❋ Pius XII., ein auf Äußerlichkeiten bedachter Papst, ließ sich in der Fahrstuhlkabine sogar einen Thron aufstellen.

❋ Paul VI. verhalf der Moderne zum Durchbruch: Etliche alte Wandteppiche, barocker Zierrat und pompöse Uhren wurden entfernt und durch moderne Gemälde und antike Statuen ersetzt, die Wände in helleren Farben frisch gestrichen.

**Häufig gestellte Fragen**

**WAS PASSIERT, WENN EIN FEUER AUSBRICHT?**

Seit über 100 Jahren hat es im Palast keinen Feueralarm mehr gegeben. Für den Fall der Fälle unterhält der Vatikan eine eigene, 20 Mann starke Feuerwehr. Die Jungs in ihren braunen Uniformen stehen mit drei Geräte- und einem Leiterwagen 24 Stunden am Tag in Bereitschaft.

**Häufig gestellte Fragen**

**HABEN ALLE PÄPSTE IM VATIKANPALAST GEWOHNT?**

Nein, erst seit dem Beginn des 13. Jh.s wohnen die Päpste im Vatikan. Vorher residierten sie in einem Palast, der zum Komplex der Lateransbasilika San Giovanni im Südosten der Innenstadt gehört.

**Häufig gestellte Fragen**

**WAS GIBT ES ZU ESSEN?**

Ein Team von fünf Nonnen kümmert sich um Ihre Verpflegung, und Sie dürfen ansagen, was Sie zu speisen wünschen. So ist JP II zum Beispiel seiner Heimat Polen zeitlebens kulinarisch treu geblieben. Zum Abendessen gab es bei ihm meist frische Piroggen und *Zurek* (eine polnische Kartoffelsuppe), gefolgt von süßer *Babka* als Dessert. Eine Espressomaschine finden Sie übrigens in nahezu jedem Büro des Vatikan. Milchprodukte und frisches Gemüse stammen zum großen Teil von Ihrem Sommersitz in Castel Gandolfo.

### Häufig gestellte Fragen

## DARF ICH ZUM ESSEN AUSGEHEN?

Kardinäle und Bischöfe trifft man in Roms Gourmetrestaurants durchaus häufiger an; dass jedoch der Papst auswärts zum Essen geht, ist eher ungewöhnlich. Das liegt vor allem daran, dass für den Besuch in einem öffentlichen Restaurant umfangreiche Sicherheitsvorkehrungen getroffen werden müssten. Wenn Sie dennoch mal in Rom essen gehen wollen, haben wir hier ein paar Empfehlungen für Sie:

✳ **Il Mozzicone** (Borgo Pio 180): Bekannt für exzellente traditionelle Gerichte wie Fettuccine mit Kalbsragout.

✳ **Velando** (Borgo V. Horio 26): Lieblingsrestaurant vieler Kardinäle, zelebriert Nouvelle Cuisine auf Italienisch, mit ausgefallenen Kreationen wie Wilderdbeerrisotto oder Froschschenkel-Gemüseauflauf.

✳ **Taverna Angelica** (Piazza Amerigo Capponi 6): Die Spezialitäten sind Fisch und Meeresfrüchte, auch die Käseauswahl ist sensationell.

### KLEIDERORDNUNG

Ihre Garderobe ist abhängig von Ihren Terminen. Im Innendienst ist das Tragen informeller Kleidung erlaubt. Bei öffentlichen Auftritten und kirchlichen Amtshandlungen müssen Sie die vorgeschriebene Dienstkleidung tragen.

# Dienstkleidung

Mozzetta

Fano

Pallium

Soutane

Cappa

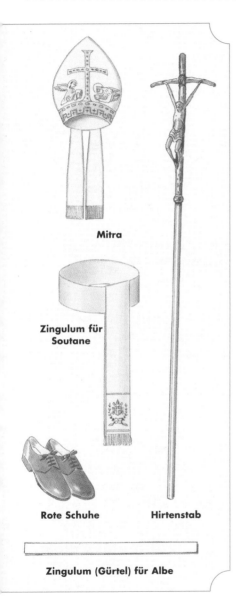

**Mitra**

**Zingulum für Soutane**

**Rote Schuhe**

**Hirtenstab**

**Zingulum (Gürtel) für Albe**

## NORMALE DIENSTKLEIDUNG

**weiße Hose** (optional)
**kragenloses weißes Hemd**
**Pileulus:** weiße Kappe
**weiße Soutane** (Talar) mit Priesterkragen und Zingulum
**Mozzetta:** Schulterkragen in Weiß oder Rot
**Brustkreuz**
**rote Schuhe** (optional)

## LITURGISCHE DIENSTKLEIDUNG

**Amikt** (Humerale): rechteckiges Schultertuch aus weißem Leinen
**Albe:** langes, weißes Untergewand
**Zingulum:** kordelartiger Gürtel
**Stola:** langer, schalartiger Stoffstreifen, über der Albe getragen
**Fano:** zweiteiliger liturgischer Schulterkragen aus Seide
**Kasel:** Messgewand in den liturgischen Farben Weiß, Rot, Violett oder Grün
**Pallium:** weißer Wollstreifen mit sechs schwarzen Kreuzen
**Rote Schuhe** (optional)

## PÄPSTLICHE KOPFBEDECKUNGEN

Die Tradition verlangt, dass Sie in der Öffentlichkeit immer eine Kopfbedeckung – zumindest den Pileulus (ital. *Zucchetto*), ein weißes Scheitelkäppchen – tragen. Für formelle Anlässe gibt es ein paar Alternativen.

**Pileulus:** Die kleine, runde Scheitelkappe geht auf den jahrhundertealten Brauch unter Geistlichen zurück, sich oben auf dem Schädel eine runde Stelle auszurasieren, die so genannte Tonsur.

**Camauro:** Benedikt XVI. trägt nach Jahrzehnten wieder den *Camauro*, eine rote Samtkappe mit weißem Pelzbesatz – sehr fashionable!

**Mitra:** Angelehnt an spätrömischen Kopfputz, ist die *Mitra* eine Stoffkrone mit zwei Enden. Sie wird zu Gottesdiensten und anderen liturgischen Handlungen getragen.

**Tiara:** Die dreistufige, mit Verzierungen und Juwelen besetzte Krone wurde zusammen mit der traditionellen Krönungszeremonie von Paul VI., der so bescheiden wie möglich auftreten wollte, 1964 aus dem Verkehr gezogen. An Stelle der »Krönung« bekam fortan eine weniger aufwändige Amtseinführungszeremonie den Vorzug. Johannes Paul I. und JP II verzichteten ebenfalls auf das Tragen der Krone. Aber Sie haben natürlich das Recht, die Tiara wieder in Betrieb zu nehmen, wenn Sie das möchten.

## DIE PÄPSTLICHEN SCHNEIDER

Die Standardgarderobe liegt in drei kompletten Ensembles in den Größen Klein, Mittel und Groß vor. Da diese Dienstkleidung natürlich schon angefertigt wurde, lange bevor Sie zum Papst gewählt wurden, sollten Sie die Sachen rasch ändern lassen. Der Vertragsdesigner des Vatikan ist leider nicht Armani, sondern das kleine Atelier Ditta A. Gammarelli in der Innenstadt. Dort wird alles, was Sie benötigen, von mehreren Schneidern in Handarbeit genäht und alles Mögliche getan, um Ihre Kleidung passend und bequem zu machen. Für die heißen Sommermonate wird mit leichten, luftigen Stoffen Vorsorge getragen.

Häufig gestellte Fragen
### WER WÄSCHT MEINE WÄSCHE?

Die fünf schwarzgewandeten Nonnen, die Ihre Küche versorgen, kümmern sich auch um Ihre Wäsche. Sie dürfen die guten Geister bei Amtsantritt übrigens selbst einstellen.

Häufig gestellte Fragen
### WARUM WOLLEN ALLE MEINEN RING KÜSSEN?

Der Kuss des päpstlichen Rings gilt als ein Akt der Respektsbezeugung. Damit bekunden die Gläubigen ihre Unterwerfung unter die Gesetze der Kirche.

## Päpstliches Grundwissen
### DIE PÄPSTLICHEN SYMBOLE

✤ **Das Pektorale:** Das etwa 15 cm hohe Brustkreuz wird an einer Kette um den Hals getragen und sollte direkt über Ihrem Herzen zu liegen kommen.

✤ **Fischerring:** Der Name des päpstlichen Rings geht auf den Apostel Petrus zurück, der ursprünglich Fischer war. Den Goldring müssen Sie immer tragen.

### DER PÄPSTLICHE RING

✤ Sonderanfertigung für jeden neuen Papst, wird nach dessen Ableben zerbrochen.

✤ Material: Gold

✤ Das Abbild auf dem Ring zeigt den heiligen Petrus mit Fischernetz in einem Boot, am Rand ist der Name des jeweiligen Trägers eingraviert.

✤ In der Regel wird der Ring am Ringfinger der linken Hand getragen.

✤ Bis 1842 wurde der Ring noch als Siegelring für offizielle päpstliche Dokumente benutzt.

# Das päpstliche Siegel

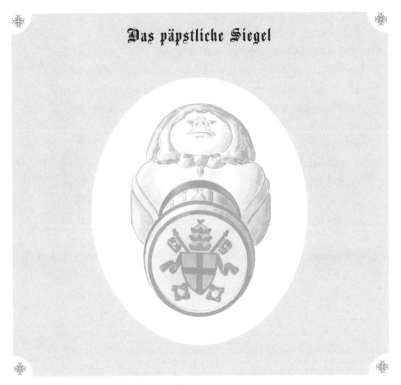

✴ **Päpstliches Siegel:** Das Stahlsiegel benutzen Sie für wichtige Dokumente und Korrespondenz. Das Siegel wird zusammen mit dem Ring nach Ihrem Tod – noch vor Beginn des nächsten Konklaves – zerstört.

✴ **Hirtenstab:** Er symbolisiert Ihre Rolle als guter Hirte Ihrer Schäfchen respektive Ihrer Anhängerschaft. Auch Bischöfe haben einen solchen Stab, doch nur der Ihrige ist mit einem Kruzifix bestückt.

### Päpstliches Grundwissen

## DEN VATIKAN KENNEN LERNEN

Der Palast ist nur eines von vielen Gebäuden, mit denen Sie sich vertraut machen sollten. Trotz seiner überschaubaren Ausmaße bietet der Vatikan seinen Bewohnern eine gute Infrastruktur und viele nützliche öffentliche Einrichtungen.

- **Historisches Museum:** Hier sind vor allem Exponate und Dokumente zur Militärgeschichte des Vatikan ausgestellt. Die Waffensammlung reicht von alten venezianischen Säbeln bis zu schweren Handfeuerwaffen.

- **Päpstliche Apotheke:** Die Apotheke beim St.-Anna-Tor hat alle nur erdenklichen Medikamente vorrätig, auch solche, die in normalen Apotheken nicht ohne weiteres erhältlich sind. Hier werden fast 6000 Rezepte pro Monat angenommen, was u. a. an der Überalterung der Klientel liegt. Selbstverständlich bekommen Sie hier auch Zahnpasta, Deo und andere Körperpflegemittel.

- **Vatikanische Eisenbahn:** Mit einem Schienenstrang von 800 m die wohl kürzeste Bahnlinie der Welt. Sie hat Anschluss an das Netz der italienischen Staatsbahnen; einen Fahrplan gibt es nicht. Die päpstlichen Waggons sind mit Küche, Balkon und Schlafabteilen ausgestattet.

- **Vatikanische Bibliothek:** Hier werden über eine Million Bücher sowie rund 100 000 Karten und Handschriften aufbewahrt. Sie haben das Recht, jedes Buch gebührenfrei auszuleihen – und zwar so lange, wie Sie wollen.

## DER VATIKAN – STATISTIK & WISSENSWERTES

**Ausdehnung:** 0,44 km²; man benötigt etwa eine Stunde, um den Vatikan entlang seiner Mauern zu Fuß zu umrunden.

**Bevölkerung:** 1100 Einwohner, von denen ca. 95 Prozent männlichen Geschlechts sind. Angaben zur Geburtenrate liegen nicht vor.

**Landessprache:** Latein und Italienisch

**Geldautomaten:** Die Geldautomaten im Vatikan sind weltweit die einzigen Geräte dieser Art, deren Haupt-Bildschirmsprache Latein ist.

**Zeit:** Es gilt die MEZ (mitteleuropäische Zeit).

**Internationale Telefonvorwahl:** 0039-06

**Ampeln:** Fehlanzeige!

**Steuern:** Vatikanische Staatsbürger müssen in Italien keine Steuern bezahlen, auch wenn sie in Rom leben.

**Haustiere:** Hunde von vatikanischen Staatsbürgern müssen angemeldet werden und sind stets an der Leine zu führen.

**Luftraum:** Flugzeuge dürfen das Territorium des Vatikan nicht überfliegen.

✤ **Supermarkt:** Es gibt nur einen, aber für den benötigen Sie einen Zugangsberechtigungsschein des Wirtschaftsbüros. Die Preise sind deutlich niedriger als in allen anderen Läden in Rom, was die anhaltende Beliebtheit des Supermarkts bei den Familienmitgliedern all jener Glücklichen, die hier einkaufen dürfen, erklärt. Die *Annona* (latein. für »Proviantsammelstelle«) finden Sie in der Via San Giovanni di Dio, gleich hinter der Apotheke. Öffnungszeiten: Mo–Fr 7–18, Sa 7–12 Uhr.

✤ **Kaufhaus:** Vor kurzem umgezogen in das ehemalige Bahnhofsgebäude, bietet das Kaufhaus ein breit gefächertes Sortiment: von hochwertiger Unterhaltungselektronik – z. B. gigantische Flachbildfernseher – über teure Uhren bis zu steuerfreien Zigaretten, die hier 20 bis 40 Prozent billiger sind als außerhalb des Vatikan.

✤ **Postamt:** Die vatikanische Post, deren Ursprünge bis ins 14. Jh. zurückgehen, macht allein mit dem Verkauf von Gedenkbriefmarken satte Gewinne. Über 8 Mio. Briefe und Karten werden jährlich umgeschlagen, und die Staatspost des Vatikan gilt als wesentlich effizienter als das italienische Postwesen.

✤ **Tankstellen:** Es gibt mehrere, doch die südwestlich des Petersdoms ist die beliebteste. Das steuerfreie Vatikan-Benzin ist etwa 30 Prozent billiger als im übrigen Italien, doch nur Inhaber von Sonderausweisen des Vatikan dürfen sich hier den Tank füllen.

✴ **Petersdom:** Mit einer Grundfläche von 40 000 m$^2$
— das entspricht in etwa der Fläche von 5 $^1/_2$ Fußball-
feldern — ist der Petersdom die größte Kirche der
Christenheit. 10 Mio. Besucher versuchen jedes Jahr,
einen Blick auf wenigstens einen der 40 Altäre oder
auf eine der 430 Skulpturen zu erhaschen. Unter
der Basilika befindet sich mit den so genannten
»Vatikanischen Grotten« die Grablege der Päpste.

---

Zu Eurer Heiligkeit Information

## DIE VATIKANISCHE STAATSBÜRGERSCHAFT

---

Mit der Verleihung der Staatsbürgerschaft geht der Vatikan spar-
sam um. Von den rund 1100 Menschen, die innerhalb seiner
Mauern leben, besitzt nur etwa die Hälfte die offizielle
Staatsbürgerschaft, darunter die ca. 60 hier ansässigen Kardinäle
und alle 110 Mitglieder der Schweizergarde. Abgesehen von den
Kardinälen sind nur die hochrangigsten Kirchenvertreter in
Ihrem Stab Staatsbürger des Vatikan. Alle Reisepässe des
Vatikan sind Diplomatenpässe — ihre Inhaber gelten als
Gesandte der Kirche. Alle Bürger des Vatikan besitzen in der
Regel eine doppelte Staatsangehörigkeit — neben der des Vatikan
die ihres jeweiligen Heimatlandes. Die Mehrzahl der etwa 3000
Menschen, die hier für die Aufrechterhaltung des Betriebs arbei-
ten, lebt außerhalb der Grenzen des Vatikan in Rom.

# Der Euro des Vatikan

**Vorderseite (Avers)**

**Rückseite (Revers)**

**Häufig gestellte Fragen**

**WELCHE WÄHRUNG GILT IM VATIKAN?**

Die offizielle Währung ist der Euro des Vatikan; viele
Münzen ziert das Bild des Papstes.

**Häufig gestellte Fragen**

**WIE IST DER WECHSELKURS?**

Der Euro des Vatikan entspricht dem Standard-Euro.

**Häufig gestellte Fragen**

**GIBT ES IM VATIKAN EIN GEFÄNGNIS?**

Ja, es gibt zwei kleine Gefängniszellen, doch jeder, der zu
einer Haftstrafe verurteilt ist, wird sofort dem italienischen
Justizvollzug übergeben.

**Häufig gestellte Fragen**

**WAS MACHE ICH, WENN ICH EINEN ARZT BRAUCHE?**

Wenn Sie medizinische Hilfe benötigen, lassen Sie Ihren
Leibarzt rufen, der Ihnen zu jeder Zeit zur Verfügung steht.
Wenn nötig, haben Sie auch eine Anzahl von Spezialisten
zur Auswahl. Im Ernstfall wird man Sie allerdings in eines
der gut ausgestatteten Krankenhäuser Roms bringen. Wenn
Sie in dieser Beziehung Präferenzen haben, sollten Sie Ihren
Sicherheitsbeamten rechtzeitig mitteilen, in welches
Krankenhaus Sie im Notfall gebracht werden möchten –
was zum Beispiel JP II tat, bevor er niedergeschossen wurde.

# KAPITEL II

# Was ist zu tun?

Sie haben einen der ältesten und angesehensten Jobs
der Welt ergattert. Aber es wird von Ihnen erwartet,
dass Sie früh aufstehen und den ganzen Tag bis in den
Abend hinein arbeiten. Als einzige echte Pause ist am
frühen Nachmittag eine kleine Siesta gestattet – ein
Brauch, der im Vatikan genauso zur Tradition geworden ist wie im übrigen Italien. Tag für Tag haben Sie
einen vollen Terminkalender: Audienzen, Konferenzen,
Papierkram – immerhin führen Sie die weltweiten
Geschäfte der Kirche und regieren den Vatikan. Dafür
sind die Arbeitsbedingungen Weltklasse, und ein Team
von loyalen, exzellenten Mitarbeitern steht Ihnen zur
Seite. In Ihrem Büro geben sich die Besucher die
Klinke in die Hand: ein Taubenschlag!

### Päpstliches Grundwissen

**IHRE JOBBESCHREIBUNG**

Zu Ihrem Job gehören verschiedene, sich teilweise überlappende Tätigkeitsbereiche:

✤ **Stellvertreter Jesu Christi:** Sie sind der Vertreter Christi auf Erden, der von der Kirche bestallte Hüter des Glaubens.

✤ **Pontifex Maximus:** Sie sind der oberste Priester der Kirche. Für deren Mitglieder gelten Ihre Urteile in Sachen Glaubens- und Sittenlehre, die Sie endgültig und ausdrücklich *(ex cathedra)* verkünden, als unfehlbar. Sie können Kardinäle, Erzbischöfe und Bischöfe ernennen. Sie haben die Richtlinienkompetenz, d. h. Sie können Mitglieder der Kirche, die abweichlerische Auffassungen vertreten, zur Ordnung rufen oder zum Schweigen bringen. Sie verfassen und verbreiten bei Bedarf Enzykliken zu wichtigen Themen. Sie haben die Aufgabe, die Einigkeit der Kirche und den Zusammenhalt unter den Gläubigen herzustellen und zu gewährleisten.

✤ **Bischof von Rom:** Sie überwachen die seelsorgerische Betreuung der Gläubigen der Stadt. Als oberster Bischof haben Sie Vorbildfunktion für alle Bischöfe rund um den Globus. Sie haben die Befugnis, auch allen anderen Mitgliedern des Klerus Weisungen zu erteilen sowie nötige Disziplinarmaßnahmen einzuleiten.

✤ **Staatsoberhaupt:** Sie führen den Stadtstaat Vatikan. Der Vatikan unterhält diplomatische Beziehungen zu den meisten anderen Staaten und besitzt bei den Vereinten Nationen (UN) den Status eines ständigen Beobachters.

Der Präsident des *governatorate* hat die Aufgaben eines Bürgermeisters. Er kümmert sich um die Verwaltung des Vatikan und ist Ihnen gegenüber rechenschaftspflichtig.

❧ **Verteidiger ethisch-moralischer Werte:** Seit JP II die ganze Welt als Kanzel nutzte, um seine globalen Moralpredigten zu halten, wird vom Papst erwartet, dass er das Wort für die Armen und Rechtlosen erhebt und die Despoten und Terrorregime dieser Welt geißelt.

## Päpstliches Grundwissen
### IHRE OFFIZIELLEN TITEL
Bischof von Rom, Stellvertreter Jesu Christi, Nachfolger des Apostelfürsten, Oberhaupt der allgemeinen Kirche, Patriarch des Abendlandes, Primas von Italien, Erzbischof und Metropolit der Kirchenprovinz Rom, Souverän des Staates der Vatikanstadt, Diener der Diener Gottes *(Servus Servorum Die)*, Oberster Brückenbauer *(Pontifex Maximus)*.

## Häufig gestellte Fragen
### WIE SIEHT MEIN BÜRO AUS?
Wie Ihre Privaträume dürfen Sie auch Ihr Büro nach eigenen Vorstellungen einrichten. Zum Standard gehören ein Schreibtisch, ein Chefsessel, ein Telefon sowie das Nötigste an Mobiliar für Besucher und Mitarbeiter. JP II ließ z. B. ein Tischchen aufstellen für handverlesene Bildbände, mit denen sich Besucher die Wartezeit vertreiben konnten.

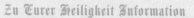

## Zu Eurer Heiligkeit Information
### DER PÄPSTLICHE THRON

Der traditionelle tragbare päpstliche Thron, die *sedia gestatoria*, wurde früher bei offiziellen Anlässen benutzt, um den Papst in der Öffentlichkeit aus der Menge herauszuheben. Der mit Seide bezogene Armsessel ist auf einer Tragevorrichtung, dem *suppedanum*, befestigt, die von zwölf Trägern auf die Schultern genommen wird. Unter Paul VI. wurde er abgeschafft; seit JP II verwenden die Päpste ein spezielles Fahrzeug, das »Papamobil«. Der prächtige Bronzethron im Petersdom wird nicht als Fortbewegungsmittel genutzt.

## Häufig gestellte Fragen
### WO FINDE ICH SCHUTZ IN EINEM FALL VON ÄUSSERER BEDROHUNG? IN DEN KATAKOMBEN?

Für den Fall eines militärischen oder terroristischen Angriffs gibt es zwar keinen Bunker, aber ein paar unterirdische Räume, in die man Sie im Notfall bringen wird.

✳ **Engelsburg:** Ursprünglich war die am Ufer des Tiber gelegene Festung Sant'Angelo der Rückzugsort bei Gefahr. 123–139 n. Chr. als Mausoleum für Kaiser Hadrian erbaut und 1377 von der Kirche übernommen, wurde sie zum Schutz des Papstes in Krisensituationen ausgebaut und verstärkt. Ein Geheimgang, der so genannte *Passetto del Borgo*, verband den Vatikan mit der Festung, in der es eine zweite Wohnung für den Papst sowie einen gigantischen Tresorraum für die päpstlichen Schätze gab.

# Der päpstliche Thron

- **Die Katakomben:** Sie bilden ein weit verzweigtes Labyrinth unter der Stadt und dienten vor vielen Jahrhunderten als Begräbnisstätte für frühe Christen und Juden. Zur Zeit der Christenverfolgung im 3. Jh. fanden auch viele Märtyrer hier ihre letzte Ruhestätte. Dass Sie die Katakomben tatsächlich als Schutzraum nutzen müssen, ist zwar nicht undenkbar, aber eher unwahrscheinlich.

- **Bibliothek:** Um die wichtigsten Reliquien und Dokumente des Vatikan zu schützen, wurde hier ein unterirdischer Hochsicherheitstrakt angelegt. In diesen von JP II Mitte der Achtzigerjahre eingeweihten Bunker wird der Sicherheitsdienst Sie im Notfall bringen.

### Häufig gestellte Fragen

**DARF ICH KUNSTWERKE AUS DEN ARCHIVEN HOLEN, UM MEIN BÜRO DAMIT ZU DEKORIEREN?**

Ja – die umfangreichen Kunstbestände, die im Palast gehortet werden, stehen Ihnen zur freien Verfügung.

### Päpstliches Grundwissen

**TAGESABLAUF UND FESTE TERMINE**

- **Ihr Tag beginnt** um 5.30 Uhr. Ob Sie sich alleine anziehen oder die Hilfe des päpstlichen Kammerdieners in Anspruch nehmen wollen, bleibt Ihnen überlassen.
- **Nach dem Morgengebet** zelebrieren Sie eine schlichte Messe mit engsten Mitarbeitern und ein paar Ehrengästen.

* **Gegen 8 Uhr nehmen Sie das Frühstück** ein. Es gibt guten italienischen Kaffee und alles, was Sie wünschen – auch bayerische Semmeln. Benedikt XIII. war so scharf auf pochierte Eier, dass diese Zubereitungsart später, im 18. Jh., nach ihm benannt wurde:»Eier Benedikt«.

* **Zu Ihren regelmäßigen Terminen** gehören die Treffen mit Bischöfen aus aller Welt, die alle fünf Jahre zu ihren so genannten *ad-limina*-Besuchen kommen und Ihnen in einer Audienz Rechenschaft über ihre Amtsführung ablegen müssen. Natürlich lassen sich auch Termine mit den Priestern Ihrer eigenen Diözese in Rom nicht vermeiden.

* **Das Mittagessen** findet um 12 Uhr als Arbeitsessen statt, zu dem meist Vertreter der Kurie geladen sind. Gerne wird Pasta serviert, aber sicher wird sich die Küche auch auf Knödel und Haxen einstellen können.

* **Über den ganzen Tag** verteilt und meist mit einem Fototermin verbunden sind Treffen mit Würdenträgern und VIPs aus Politik, Wirtschaft, Sport und Unterhaltung.

* **Für 14–16 Uhr** macht Ihr Büro keine Termine, denn die Siesta ist den Italienern heilig. Natürlich steht es Ihnen frei, diese Zeit zum Arbeiten zu nutzen. Erwarten Sie aber nicht, dass Ihre Mitarbeiter sich dem anschließen.

* **Für 18 Uhr ist das Abendessen** angesetzt. Diesmal dürfen Sie entscheiden, ob Sie lieber allein und ungestört oder in Gesellschaft essen wollen.

* **Um 23 Uhr** endet der Tag – Zeit, um vor dem Schlafengehen noch ein wenig bei leichter Lektüre zu entspannen

## DIE GÄRTEN

Die Gärten des Vatikan sind ein wohl behüteter Schatz, die in ihrer Schönheit und Pracht von keiner Gartenanlage Europas übertroffen werden – ein Ort der Besinnung und Kontemplation.

---

✻ Zwanzig fest angestellte Gärtner kümmern sich intensiv um den Unterhalt und die Pflege der Anlage.

✻ Unter den zahlreichen Brunnen ist der Galeerenbrunnen aus dem 17. Jh. der berühmteste. Die maßstabsgerechte Verkleinerung eines italienischen Kriegsschiffes speit Wasser aus ihren 16 Kanonenrohren.

✻ Der Ursprung der Gärten geht auf das Jahr 1280 zurück, als Nikolaus III. einen kleinen Gemüsegarten anlegen ließ. Einen Nutzgarten, der Sie mit frischem Gemüse versorgt, gibt es noch immer.

✻ Die heutige Lustgartenanlage entstand im Wesentlichen unter Leo XIII. gegen Ende des 19. Jh.s.

✻ Zur Anlage gehören auch ein kleines, gepflegtes Wäldchen, das *boschetto*, sowie üppige Blumenrabatten und mehrere kunstvoll gestaltete Ziergärten.

# Galeerenbrunnen

### UNTER WELCHER ADRESSE ERREICHT MICH POST?

Ihre Postadresse lautet:

Seine Heiligkeit [plus Ihr päpstlicher Name]
Vatikanpalast, 00120 Vatikan-Stadt

### WER HILFT MIR BEIM BEANTWORTEN MEINER POST?

Eine der Kolleginnen aus Ihrem fünfköpfigen Nonnenteam,
das sich auch um Essen und Wäsche kümmert, hat die
Aufgabe, Ihnen bei der Bewältigung der täglichen Korrespondenz zu helfen. Gehen Sie davon aus, dass jeden Tag
ca. eine Tonne Fanpost in Ihrem Büro abgeladen wird.

### MIT WELCHEM NAMEN UNTERSCHREIBE ICH?

Offizielle Dokumente wie z. B. Kaufverträge für Gebraucht-
wagen unterschreiben Sie mit Ihrem lateinischen Namen.
Für private Korrespondenz reicht Ihr bürgerlicher Name.
Traditionell setzen alle Päpste ein »p. p.« hinter ihren
Namen, was für *pastor pastorum* (»Hirte aller Hirten«) steht.

### HABE ICH INTERNET- UND MAILANSCHLUSS?

Die offizielle Website des Vatikan lautet *www.vatican.va*. Ihre
persönliche E-Mail-Adresse setzt sich aus Ihrem Papstnamen und der Endung *@vatican.va* zusammen. Ein Team

von PC-geschulten Priestern stellt jeden Tag ein 20-seitiges Dossier auf dem Server für Sie bereit (jeweils ab ca. 10 Uhr abrufbar), das alle für Sie relevanten Vorkommnisse und Veranstaltungen weltweit auflistet.

### Häufig gestellte Fragen

### HAT DER VATIKAN EINE EIGENE ZEITUNG?

Das offizielle Presseorgan ist der »L'Osservatore Romano«. Die seit 1861 erscheinende Tageszeitung wird heute in einer Auflage von ca. 60 000 Exemplaren verbreitet. Vierteljährlich erscheinen die »Acta Apostolicae Sedis«, in denen amtliche Mitteilungen und kirchliche Dokumente veröffentlicht werden.

### Häufig gestellte Fragen

### WIE BEKOMME ICH EINE AMTSLEITUNG?

Der Vatikan besitzt eines der besten Telefonnetze der Welt, das von einem Technikerteam des Don-Orione-Ordens unterhalten wird. 18 000 Gespräche werden pro Tag abgewickelt. Die Pro-Kopf-Dichte von Telefonen ist im Vatikan höher als irgendwo sonst auf der Welt. Um das interne Netz zu verlassen, müssen Sie eine 2 vorwählen.

# KAPITEL III

## Die Mitarbeiter

Ihr Aufgabengebiet ist nicht nur sehr umfangreich, als Vorstandsvorsitzender eines multinationalen Konzerns sind Sie mit Ihrem Auftreten auch Vorbild für alle Mitarbeiter. Zu Ihrer Unterstützung ist Ihnen ein kleines, hoch motiviertes Kompetenzteam an die Seite gestellt. In Ihrer Funktion als Papst stehen Sie zwei verschiedenen Verwaltungsapparaten vor: der Kurie, die die weltweiten Geschäfte der katholischen Kirche führt, und der Pontifikalkommission, die den Vatikan regiert. Mit insgesamt nur rund 3000 Mitarbeitern folgen beide Apparate dem Prinzip des »schlanken Managements«: Im Schnitt kommt so auf 350 000 Kirchenmitglieder nur ein versicherungspflichtig Beschäftigter.

## IHR PERSÖNLICHER MITARBEITERSTAB

**✤ Sekretariat:** Zwei Monsignori stehen Ihnen unter der
Aufsicht Ihres päpstlichen Privatsekretärs mit voller
Stundenzahl als Assistenten zur Verfügung. Sie haben
sich um den reibungslosen Ablauf Ihrer Termine zu
kümmern, nehmen Gäste in Empfang, achten auf die
Einhaltung der Audienzzeiten, halten Ihnen lästige
Bittsteller vom Hals und laden die Ehrengäste der
morgendlichen Messfeier in Ihrer Privatkapelle ein.

**✤ Der päpstliche Privatsekretär:** Er ist zugleich Ihr
Büroleiter; diese Stelle gilt als eine der einflussreichsten
im Vatikan, weil ihr Inhaber in ständigem engem Kontakt
mit Ihnen steht. In der Vergangenheit hat es immer mal
wieder Privatsekretäre gegeben, die für ihren Papst
unentbehrlicher waren als der Kardinalstaatssekretär.

**✤ Private Dienste:** Zu den Pflichten des fünfköpfigen
Nonnenteams gehört neben der Zubereitung der Mahlzeiten, dem Wäschewaschen und der Raumpflege auch
die Erledigung von Korrespondenz nach Diktat.

**✤ Kardinalkämmerer *(camerlengo)*:** Er tritt erst bei Ihrem
Tod in Erscheinung. Er hat die Aufgabe, die Kardinäle
von Ihrem Ableben zu unterrichten und sich um Ihre
Leiche und Ihre irdischen Besitztümer zu kümmern. Er
wird Ihnen den Fischerring abnehmen und zerbrechen
sowie die Privaträume versiegeln. Er führt kommissarisch
die Geschäfte der Kirche, bis ein neuer Papst gewählt ist.

## Päpstliches Grundwissen

### DIE RÖMISCHE KURIE

Die Kurie ist ein bürokratischer Dinosaurier mit zahllosen Büros, Kommissionen, Komitees, Kongregationen und Spruchkammern. Mit den meisten Dienststellen werden Sie persönlich kaum zu tun haben; diejenigen Stellen, die Ihnen direkt zuarbeiten, sollten Sie aber möglichst gut kennen.

❊ **Staatssekretariat:** Das Staatssekretariat ist Ihnen direkt unterstellt. Es kontrolliert alle Dienststellen des Vatikan, trifft Vorentscheidungen und filtert die wichtigen Angelegenheiten heraus, die Ihnen vorgelegt werden müssen. Es gliedert sich in die Hauptabteilungen »Allgemeine Angelegenheiten« und »Beziehungen mit den Staaten«.

❊ **Kardinalstaatssekretär:** Er leitet das Staatssekretariat und ist Ihr Weichensteller für wichtige Entscheidungen. Er vertritt den Vatikan auf internationaler Ebene, empfängt Staatsgäste und begleitet Sie auf Auslandsreisen. Anders als bei den meisten leitenden Angestellten ist seine Stelle nicht auf fünf Jahre befristet. Sein Arbeitsverhältnis endet mit dem Tod des Papstes.

❊ **Sektion für die Allgemeinen Angelegenheiten:** Hier werden alle internen Angelegenheiten der Kirche geregelt. Die Abteilung veröffentlicht u. a. päpstliche Verlautbarungen und bereitet Ihre Reden vor. Zu diesem Zweck sind acht nach Sprachen geordnete Unterabteilungen eingerichtet: Englisch, Französisch, Deutsch, Italienisch, Lateinisch, Polnisch, Portugiesisch und Spanisch. Der Abteilung obliegt auch die Betreuung der Außendienstmitarbeiter, also der über 200 päpstlichen Diplomaten.

✠ **Substitut (Stellvertreter):** Er leitet die Sektion für die Allgemeinen Angelegenheiten und ist dem Kardinalstaatssekretät untergeordnet. Einstellungsvoraussetzung ist der Titel eines Erzbischofs. Der Substitut ist Ihr Innendienstleiter, der für das Tagesgeschäft verantwortlich ist und der entscheidet, welche Vorgänge Ihnen vorgelegt werden.

✠ **Sektion für die Beziehungen mit den Staaten:** Überwacht die diplomatischen Beziehungen des Vatikan zu anderen Staaten und Organisationen. Auch für die Ernennung von neuen Bischöfen und für die Einrichtung neuer Diözesen ist diese Abteilung zuständig.

✠ **Sekretär für die Beziehungen mit den Staaten:** Er leitet die gleichnamige Abteilung; sein Einfluss ist geringer als der des Kardinalstaatssekretärs und des Substituten.

Päpstliches Grundwissen

## DIE PONTIFIKALKOMMISSION

Auch wenn die Führung des Vatikanstaats zu Ihren Verantwortungsbereichen zählt, werden Sie die administrativen Aufgaben an untergeordnete Kirchenmitar-beiter delegieren.

✠ **Die Pontifikalkommission** besteht aus fünf Kardinälen, der der Präsident des so genannten *governatorate* des Vatikan vorsitzt. Er ist der »Bürgermeister« des Stadtstaates.

❖ **Der Präsident des *governatorate*** ist zuständig für die Infrastruktur der Stadt und alle kommunalen Dienstleistungen und verwaltet den Etat des Vatikan von ca. 180 Mio. Euro. Seine Haupteinnahmen erzielt der Vatikan mit dem Verkauf von Papstmünzen und -briefmarken. Zuletzt haben auch die Läden und Kaufhäuser sowie die einträgliche Tankstelle gute Umsätze erzielt.

Häufig gestellte Fragen

### WIE SOLLEN MICH DIE MENSCHEN ANREDEN?

Es gibt mehrere Möglichkeiten, doch im direkten Kontakt mit Ihnen ist »Eure Heiligkeit« die korrekte Anrede.

Häufig gestellte Fragen

### WAS IST DER PETERSPFENNIG?

Eine nicht unerhebliche Einnahmequelle: Unter dem Peterspfennig versteht man eine jährliche Kollekte, die in allen katholischen Kirchen zu Peter & Paul (29. 6.) eingesammelt wird. Dabei kommen jedes Jahr 20–30 Mio. Euro zusammen.

Häufig gestellte Fragen

### UNTERHÄLT DER VATIKAN EINE EIGENE ARMEE?

Nach internationalem Völkerrecht dürfte der Vatikan Marine- und Luftwaffeneinheiten unterhalten, zzt. macht Ihr Unternehmen von diesem Recht aber keinen Gebrauch. Mit der Schweizergarde haben Sie jedoch eine Truppe unter Waffen, die einer militärischen Einheit sehr nahe kommt.

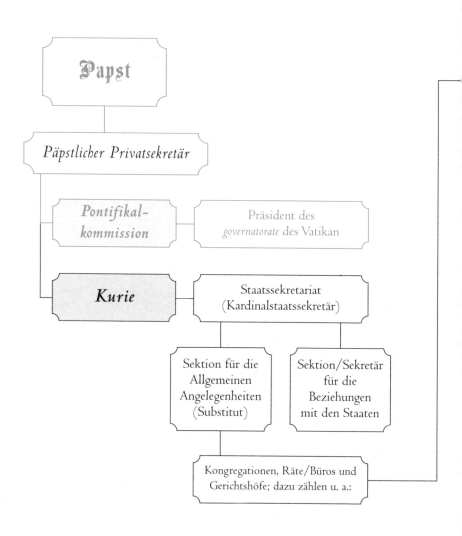

**Papst**

Päpstlicher Privatsekretär

Pontifikal-
kommission

Präsident des
*governatore* des Vatikan

**Kurie**

Staatssekretariat
(Kardinalstaatssekretär)

Sektion für die
Allgemeinen
Angelegenheiten
(Substitut)

Sektion/Sekretär
für die
Beziehungen
mit den Staaten

Kongregationen, Räte/Büros und
Gerichtshöfe; dazu zählen u. a.:

## Kongregationen:

**Kongregation für die Glaubenslehre:** Legt die Richtlinien für die Glaubenslehre fest; leitet Untersuchungen gegen Mitglieder des Klerus ein, die davon abweichen, kümmert sich um strafrechtlich relevante Vergehen.

**Kongregation für die Selig- und Heiligsprechungsprozesse:** Wählt die Kandidaten für Heilig- bzw. Seligsprechung aus.

**Kongregation für die Bischöfe:** Überwacht die Angelegenheiten und die Ernennung von Bischöfen.

**Kongregation für den Klerus:** Disziplinarverfahren und die Einstellung von Kirchenmitarbeitern.

**Kongregation für das kath. Bildungswesen:** Überwacht kath. Bildungseinrichtungen (Schulen, Universitäten etc.).

## Räte/Büros:

**Päpstlicher Rat für die Laien:** Koordiniert das christliche Leben der Laienmitglieder der Kirche.

**Päpstlicher Rat für die Familie:** Verbreitet und schützt die kirchliche Familienlehre.

**Päpstlicher Rat für Gerechtigkeit und Frieden:** Verbreitet die sozialpolitischen Ansichten der Kirche – vor allem in Bezug auf Kriege, Umweltschutz und die ökonomische Entwicklung von Dritte-Welt-Ländern.

**Päpstlicher Rat für die Kultur:** Verbreitet die kirchlichen Ansichten zum Thema Kommunikation und Medien (Fernsehen und Rundfunk, Printmedien, Internet etc.).

**Büro für Pontifikalgottesdienste:** Plant päpstliche Gottesdienste und liturgische Abläufe, auch für Auslandsauftritte auf Dienstreisen Eurer Heiligkeit.

## Gerichtshöfe:

**Apostolische Pönitentiarie:** Zuständig für den sensiblen Bereich »Gewissensfragen« (das Forum Internum), für das Ablasswesen, für Gnadenerweise, Absolutionen, Dispensen und den Nachlass von Strafen. In ihre Zuständigkeit fällt z. B. auch die Gültigkeitsprüfung von Eheschließungen.

**Gericht der Römischen Rota:** Der wichtigste Gerichtshof des Vatikan; fungiert als Appellationsgericht für Entscheidungen und Dekrete lokaler Kirchenfürsten auf der ganzen Welt. Entscheidet in Verbindung mit der Apostolischen Pönitentiarie über Anträge auf Annullierung von Ehen.

**Oberster Gerichtshof der Apostolischen Signatur:** Oberstes Berufungsgericht für kircheninterne Streitfragen.

 **Häufig gestellte Fragen**

## WIE VIELE MITARBEITER HAT DIE FIRMA VATIKAN?

Sie sind Chef von zzt. 3500 Vollzeitkräften, von denen 1500 Klerusmitglieder sind. Von den 3500 Kollegen arbeiten zwei Drittel für den Heiligen Stuhl, ein Drittel für den Vatikan.

**Zu Eurer Heiligkeit Information**

### STATISTIK

---

**Anteil der Katholiken an der Weltbevölkerung:**
Etwa 17–18 % (unverändert seit 1970)

**Bevölkerungsanteil der Katholiken in den Kontinenten:**
Amerika: 62,4 %, Europa: 40,5 %, Australien/Ozeanien: 26,8 %, Afrika: 16,5 %, Asien: 3 %

**Länder mit dem höchsten Katholikenanteil:** Vatikan: 100 %, San Marino: 99,83 %, St. Pierre: 99,36 %, Wallis & Futuna (Polynesien): 99,02 %, Italien: 97,20 %

**Zahl und Bevölkerungsanteil der Katholiken in Deutschland (2004):** 25,986 Mio., das entspricht einem Anteil von 31,5 %

**Die Bundesländer mit der höchsten bzw. niedrigsten Katholikendichte:** Saarland: 65,3 % (Bayern liegt mit 58 % nur an 2. Stelle), Brandenburg: 3,1 %

**Deutsche Bundesländer mit der höchsten bzw. geringsten Gesamtzahl an Katholiken:**
Nordrhein-Westfalen: 18,075 Mio., Mecklenburg-Vorpommern: 58 212

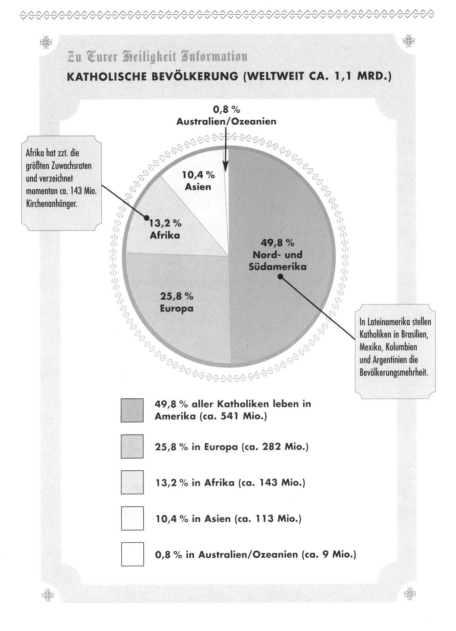

# Zu Eurer Heiligkeit Information
## KATHOLISCHE BEVÖLKERUNG (WELTWEIT CA. 1,1 MRD.)

0,8 %
Australien/Ozeanien

Afrika hat zzt. die größten Zuwachsraten und verzeichnet momentan ca. 143 Mio. Kirchenanhänger.

10,4 %
Asien

13,2 %
Afrika

49,8 %
Nord- und
Südamerika

25,8 %
Europa

In Lateinamerika stellen Katholiken in Brasilien, Mexiko, Kolumbien und Argentinien die Bevölkerungsmehrheit.

49,8 % aller Katholiken leben in Amerika (ca. 541 Mio.)

25,8 % in Europa (ca. 282 Mio.)

13,2 % in Afrika (ca. 143 Mio.)

10,4 % in Asien (ca. 113 Mio.)

0,8 % in Australien/Ozeanien (ca. 9 Mio.)

## MITARBEITERKENNUNG

Der Klerus, also die Gesamtheit Ihrer kirchlichen Mitarbeiter, ist streng hierarchisch gegliedert. Zu jeder Ebene gehören bestimmte Titel, Privilegien und Dresscodes. Zum Glück können Sie die Stellung Ihres jeweiligen Gegenübers auf einen Blick an seiner Dienstkleidung erkennen.

---

* **Kardinäle (Gesamtzahl 178):** Kleidung und Kopfbedeckung sind rot, denn Rot symbolisiert das Blut, das sie für die Kirche zu vergießen bereit sind. Angesprochen werden sie mit »Eure Eminenz«, in Deutschland und anderswo zunehmend mit »Herr Kardinal«. Neue Kardinäle werden von Ihnen ernannt, dafür wählen die Kardinäle ihrerseits den nächsten Papst (nach Ihrem Ableben).

* **Bischöfe/Erzbischöfe (ca. 4000):** Sie tragen meist eine schwarze Soutane mit violetter Paspelierung, im Alltag vielerorts auch nur einen schwarzen Anzug. Bei liturgischen Handlungen ist die Soutane violett. Sie werden mit »Eure Exzellenz«, in manchen Ländern nur mit »Herr Bischof« angeredet und ebenfalls von Ihnen ernannt.

* **Priester (ca. 400 000):** Ihre Dienstkleidung ist schwarz. Sie sind jeweils einem Bischof untergeordnet und kümmern sich um die Belange einer Kirchengemeinde, die ihnen anvertraut wurde. Sie werden je nach Landessitte mit »Vater« (Father, Père etc.), in Deutschland meist mit »Herr Pfarrer« angesprochen. Sie können Priestern bei besonderen Verdiensten den Titel Monsignore verleihen.

# Ihr Klerus

**Kardinal**

**Priester**

**Bischof**

# KAPITEL IV

# Rituale, Gottesdienste und öffentliche Auftritte

Einen nicht unerheblichen Teil Ihrer täglichen Arbeitszeit nehmen liturgische Amtshandlungen ein. Im Bewusstsein der Öffentlichkeit sind sicher die sonntäglichen Messen am präsentesten, daneben gibt es aber noch viele andere Verpflichtungen. So erwartet man von Ihnen u. a., dass Sie an allen hohen Feiertagen – dazu gehören auch die Gedenktage für besondere Heilige und Märtyrer – feierliche Gottesdienste halten. Was die Auslandsreisen angeht, hat JP II neue Maßstäbe gesetzt. Vorausgesetzt wird jetzt eine hohe Bereitschaft, das Wort des Herrn in die Welt zu tragen und weltweit den direkten Kontakt zur Basis zu suchen.

## Päpstliches Grundwissen
### MESSEN
Zu Ihren Standardaufgaben zählt das Zelebrieren einer
Messe im Petersdom am Sonntagmorgen und auf Reisen.
Eine solche Messe hat im Wesentlichen folgenden Ablauf:

✳ **Der Wortgottesdienst** beginnt mit einem Bußritus, gefolgt
vom Tagesgebet. Es folgen Lesungen aus dem Alten/
Neuen Testament, das Evangelium und Ihre Predigt. Der
erste Teil schließt mit dem Glaubensbekenntnis (Credo)
und den Fürbitten. Danach folgt die eigentliche Eucharistiefeier mit der Gabenbereitung (Brot & Wein) und der
Kollekte. Es schließt sich das Hochgebet (Kanon) an, in
das die Wandlung (der Abendmahlsbericht) eingebettet
ist. Am Ende des Hochgebets steht die Erhebung von
Hostie und Kelch, damit die Menge sie sehen kann. Es
folgen dann das Vaterunser, das Brechen der Hostie (ein
Teil wird in den Kelch gelegt), der Friedensgruß und die
Kommunion (protestantisch: Abendmahl). Der Gottesdienst endet mit dem Reinigen der Gefäße, dem Schluss-
gebet und dem Segen. Zwischendurch singt ein Chor oder
die Gemeinde Kirchenlieder oder liturgische Gesänge.

## Häufig gestellte Fragen
### WIE LASSE ICH 40 000 MENSCHEN AN DER
### KOMMUNION TEILHABEN?
Sie müssen nicht alle Anwesenden persönlich bedienen, son-
dern nur ein paar VIPs. Die Massenabferti-gung besorgen
Heerscharen von Kardinälen, Bischöfen und Priestern.

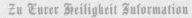
## PÄPSTLICHE MESSEN

---

✤ Den Besucherrekord hält JP II mit einer Messe in Manila auf den Philippinen, an der 1995 schätzungsweise 4–5 Mio. Menschen teilgenommen haben.

✤ Den vermutlich geringsten Zuspruch kann eine Open-Air-Messe während des Island-Besuchs von JP II verbuchen, als im Juni 1989 gerade mal 200 Unentwegte den widrigen Wetterverhältnissen trotzten.

✤ Die größte Veranstaltung unter Dach dürfte eine Messe von JP II in den USA gewesen sein, als sich 1999 in St. Louis, Missouri, 104 000 Menschen in den Edward Jones Dome und fünf angeschlossene Messehallen des America Center drängten.

✤ Buchstäblich ins Wasser gefallen ist eine Open-Air-Messe von JP II 1987 in Miami, Florida. Wegen sintflutartiger Regenfälle musste die Veranstaltung mit hunderttausenden Besuchern vorzeitig abgebrochen werden. Orkanartige Sturmböen fegten den Heiligen Vater vom Altar. In einem Notcontainer musste der durchnässte Papst in Sicherheit gebracht werden, ehe es direkt zurück zum Flughafen ging.

✤ Bei eBay wurde 1998 eine von JP II konsekrierte Hostie für 2000 $ zum Verkauf angeboten. Die Entrüstung darüber schlug aber so hohe Wellen, dass eBay den Deal unterband und der Anbieter seine Offerte zurückzog.

### Zu Eurer Heiligkeit Information

## OSTERMESSE

Die Kar- und Ostertage sind die höchsten Feiertage im katholischen Kirchenkalender. Das bedeutet, Sie werden vier Tage lang rund um die Uhr im Einsatz sein. Tausende von Gläubigen reisen eigens nach Rom an, um das Fest mit dem Oberhaupt der Kirche zusammen zu begehen. Sie sollten diese 96-Stunden-Schicht gut vorbereiten!

## GRÜNDONNERSTAG

Morgens Leitung eines Gottesdienstes im Petersdom, bei dem die heiligen Öle geweiht werden. Abends Leitung der Abendmahlsmesse im Petersdom. Rituelle Fußwaschung bei zwölf Priestern während des Abendmahls.

## KARFREITAG

Nachmittags ein schlichter Gottesdienst im Petersdom, da an diesem Trauertag keine feierliche Messe zelebriert wird; der Bericht vom Sterben Christi aus dem Johannesevangelium wird gesungen vorgetragen, und die Gottesdienstteilnehmer küssen das Kreuz, bevor sie die Kommunion erhalten. Abends führen Sie die Prozession entlang der 14 Stationen des Kreuzweges am Kolosseum in Erinnerung an den Leidensweg Christi an. An jeder Station verlesen Sie eine Meditation, bevor es zur nächsten Station weitergeht.

## KARSAMSTAG

Spätabends Feier der Osternacht im Petersdom: liturgischer Höhepunkt des Jahres mit Entzündung der Osterkerze am Osterfeuer, Lesungen aus dem Alten Testament, Taufwasserweihe, Taufe neuer Christen und feierlicher Eucharistiefeier.

## OSTERSONNTAG

Sie zelebrieren die große Ostermesse auf dem Petersplatz. Sie können mit 40 000–150 000 oder mehr Teilnehmern rechnen.

Nach der Messe spenden Sie von einem Balkon des Petersdoms Ihren Segen *Urbi et orbi* (siehe »Kleiner Grundkurs Latein«, S. 69).

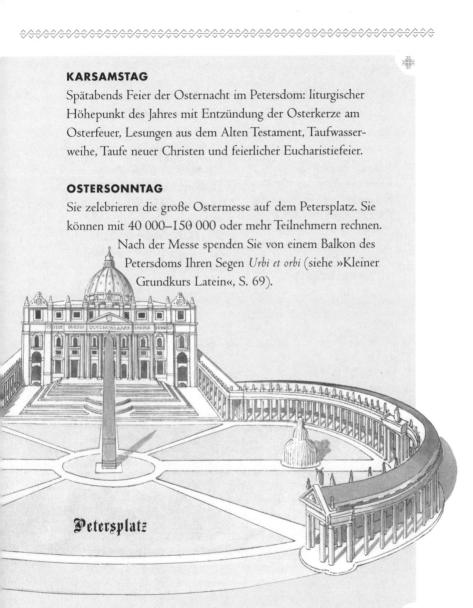

Petersplatz

## Päpstliches Grundwissen
### WICHTIGE TERMINE IM KIRCHENJAHR

Im Folgenden finden Sie – auch für Ihre Urlaubsplanung –
die wichtigsten Festtermine des Kirchenjahres aufgelistet.

**1. Januar:** Hochfest der
Gottesmutter Maria

**6. Januar:** Fest der Erscheinung des
Herrn (Epiphanie, volkstümlich
Dreikönige)

**2. Februar:** Darstellung des Herrn
(Mariä Lichtmess)

**22. Februar:** Kathedra Petri

**Februar/März:** Aschermittwoch

**19. März:** Hochfest des hl. Josef

**25. März:** Hochfest Verkündigung des
Herrn

**März/April:** Palmsonntag/Ostern

**Mai** (beweglich): Christi Himmelfahrt
(40 Tage nach Ostern)

### JANUAR

| So | Mo | Di | Mi | Do | Fr | Sa |
|----|----|----|----|----|----|----|
| 1 | 2 | 3 | 4 | 5 | 6 | 7 |
| 8 | 9 | 10 | 11 | 12 | 13 | 14 |
| 15 | 16 | 17 | 18 | 19 | 20 | 21 |
| 22 | 23 | 24 | 25 | 26 | 27 | 28 |
| 29 | 30 | 31 | | | | |

### FEBRUAR

| So | Mo | Di | Mi | Do | Fr | Sa |
|----|----|----|----|----|----|----|
| | | | 1 | 2 | 3 | 4 |
| 5 | 6 | 7 | 8 | 9 | 10 | 11 |
| 12 | 13 | 14 | 15 | 16 | 17 | 18 |
| 19 | 20 | 21 | 22 | 23 | 24 | 25 |
| 26 | 27 | 28 | | | | |

### MÄRZ

| So | Mo | Di | Mi | Do | Fr | Sa |
|----|----|----|----|----|----|----|
| | | | 1 | 2 | 3 | 4 |
| 5 | 6 | 7 | 8 | 9 | 10 | 11 |
| 12 | 13 | 14 | 15 | 16 | 17 | 18 |
| 19 | 20 | 21 | 22 | 23 | 24 | 25 |
| 26 | 27 | 28 | 29 | 30 | 31 | |

### APRIL

| So | Mo | Di | Mi | Do | Fr | Sa |
|----|----|----|----|----|----|----|
| | | | | | | 1 |
| 2 | 3 | 4 | 5 | 6 | 7 | 8 |
| 9 | 10 | 11 | 12 | 13 | 14 | 15 |
| 16 | 17 | 18 | 19 | 20 | 21 | 22 |
| 23 | 24 | 25 | 26 | 27 | 28 | 29 |
| 30 | | | | | | |

### MAI

| So | Mo | Di | Mi | Do | Fr | Sa |
|----|----|----|----|----|----|----|
| | 1 | 2 | 3 | 4 | 5 | 6 |
| 7 | 8 | 9 | 10 | 11 | 12 | 13 |
| 14 | 15 | 16 | 17 | 18 | 19 | 20 |
| 21 | 22 | 23 | 24 | 25 | 26 | 27 |
| 28 | 29 | 30 | 31 | | | |

### JUNI

| So | Mo | Di | Mi | Do | Fr | Sa |
|----|----|----|----|----|----|----|
| | | | | 1 | 2 | 3 |
| 4 | 5 | 6 | 7 | 8 | 9 | 10 |
| 11 | 12 | 13 | 14 | 15 | 16 | 17 |
| 18 | 19 | 20 | 21 | 22 | 23 | 24 |
| 25 | 26 | 27 | 28 | 29 | 30 | |

**Mai/Juni** (beweglich): Pfingsten
(50 Tage nach Ostern)

**24. Juni:** Hochfest der Geburt
des hl. Johannes des Täufers

**29. Juni:** Hochfest der hl. Apostel
Petrus und Paulus

**25. Juli:** Tag des hl. Jakobus

**15. August:** Hochfest Mariä Aufnahme
in den Himmel (Mariä Himmelfahrt)

**15. September:** Gedächtnis der
»Sieben Schmerzen Mariens«

**29. September:** Fest der Erzengel
Michael, Gabriel und Rafael

**4. Oktober:** Tag des hl. Franz von Assisi

**1. November:** Hochfest Allerheiligen

**2. November:** Allerseelen

**30. November:** Tag des hl. Andreas

**November/Dezember:** Advent

**8. Dezember:** Fest der unbefleckten
Empfängnis der Jungfrau und
Gottesmutter Maria

**13. Dezember:** Tag der hl. Luzia

**25. Dezember:** Weihnachten

**26. Dezember:** Fest des hl. Stephanus

## JULI

| So | Mo | Di | Mi | Do | Fr | Sa |
|----|----|----|----|----|----|----|
|    |    |    |    |    |    | 1  |
| 2  | 3  | 4  | 5  | 6  | 7  | 8  |
| 9  | 10 | 11 | 12 | 13 | 14 | 15 |
| 16 | 17 | 18 | 19 | 20 | 21 | 22 |
| 23 | 24 | 25 | 26 | 27 | 28 | 29 |
| 30 | 31 |    |    |    |    |    |

## AUGUST

| So | Mo | Di | Mi | Do | Fr | Sa |
|----|----|----|----|----|----|----|
|    |    | 1  | 2  | 3  | 4  | 5  |
| 6  | 7  | 8  | 9  | 10 | 11 | 12 |
| 13 | 14 | 15 | 16 | 17 | 18 | 19 |
| 20 | 21 | 22 | 23 | 24 | 25 | 26 |
| 27 | 28 | 29 | 30 | 31 |    |    |

## SEPTEMBER

| So | Mo | Di | Mi | Do | Fr | Sa |
|----|----|----|----|----|----|----|
|    |    |    |    |    | 1  | 2  |
| 3  | 4  | 5  | 6  | 7  | 8  | 9  |
| 10 | 11 | 12 | 13 | 14 | 15 | 16 |
| 17 | 18 | 19 | 20 | 21 | 22 | 23 |
| 24 | 25 | 26 | 27 | 28 | 29 | 30 |

## OKTOBER

| So | Mo | Di | Mi | Do | Fr | Sa |
|----|----|----|----|----|----|----|
| 1  | 2  | 3  | 4  | 5  | 6  | 7  |
| 8  | 9  | 10 | 11 | 12 | 13 | 14 |
| 15 | 16 | 17 | 18 | 19 | 20 | 21 |
| 22 | 23 | 24 | 25 | 26 | 27 | 28 |
| 29 | 30 | 31 |    |    |    |    |

## NOVEMBER

| So | Mo | Di | Mi | Do | Fr | Sa |
|----|----|----|----|----|----|----|
|    |    |    | 1  | 2  | 3  | 4  |
| 5  | 6  | 7  | 8  | 9  | 10 | 11 |
| 12 | 13 | 14 | 15 | 16 | 17 | 18 |
| 19 | 20 | 21 | 22 | 23 | 24 | 25 |
| 26 | 27 | 28 | 29 | 30 |    |    |

## DEZEMBER

| So | Mo | Di | Mi | Do | Fr | Sa |
|----|----|----|----|----|----|----|
|    |    |    |    |    | 1  | 2  |
| 3  | 4  | 5  | 6  | 7  | 8  | 9  |
| 10 | 11 | 12 | 13 | 14 | 15 | 16 |
| 17 | 18 | 19 | 20 | 21 | 22 | 23 |
| 24 | 25 | 26 | 27 | 28 | 29 | 30 |
| 31 |    |    |    |    |    |    |

## DAS RITUAL DER FUSSWASCHUNG

**An Gründonnerstag** sind Priester überall auf der Welt dazu aufgerufen, zwölf Menschen die Füße zu waschen. Mit diesem symbolischen Akt soll an Jesus Christus erinnert werden, der seinen Jüngern vor dem letzten Abendmahl die Füße wusch. Ihre Aufgabe besteht darin, als Geste der Bescheidenheit und Demut im Petersdom zwölf Priestern die Füße zu waschen. JP II hatte es sich zu Eigen gemacht, die Füße nach der Waschung auch noch zu küssen, aber das ist optional und wird nicht zwingend von Ihnen erwartet.

**KLEINER GRUNDKURS LATEIN**
Dieser kleine Auffrischungskurs für Ihre Lateinkenntnisse
wird Ihnen helfen, den Arbeitstag ohne Verständigungs-
probleme zu überstehen.

**ja** – ita

**nein** – non

**Guten Tag** – Salve

**danke** – gratias

**bitte** – sis

**gut** – bene

**schlecht** – male

**Schön, Sie zu sehen!** – Suave est tibi occurere!

**Sie sind ja gar nicht älter geworden!** – Minime senuisti!

**Ich habe schon wieder Hunger** – Irascor iterum

**Lasst uns beten!** – Oremus!

**Rom hat gesprochen, der Fall ist erledigt** –
Roma locuta, causa finita

**Der Stadt und dem Erdkreis**
(der traditionelle päpstliche Segen) – urbi et orbi

Päpstliches Grundwissen
**PÄPSTLICHE AUDIENZEN**
Meetings mit Laien, Staatsgästen und Würdenträgern gehören zum Alltag. Alle Päpste der Vergangenheit haben sich
regelmäßig mit politischen Führern, bedeutenden Künstlern
und anderen VIPs zum Meinungsaustausch getroffen.

✤ **Attila der Hunnenkönig** traf Papst Leo I. im Jahre 452. Über den Inhalt der Unterredung ist nichts überliefert, Tatsache ist aber, dass Attila mit seinen Mannen kurz darauf aus Italien abzog.

✤ **Clark Gable** wurde von Pius XII. zu einer Audienz gebeten. Pius XII. galt zwar als wenig umgänglich, hatte aber offensichtlich eine Schwäche für Hollywoodfilme.

✤ **Franz Beckenbauer und Rudi Völler** berichteten Benedikt XVI. im Oktober 2005 über den Stand der Vorbereitungen für die Fußball-WM 2006 in Deutschland. Der Heilige Vater versprach dem »Kaiser«, sich die wichtigsten Spiele im Fernsehen anzuschauen.

Häufig gestellte Fragen

## WIE BRECHE ICH DAS EIS BEI UNBEKANNTEN GESPRÄCHSPARTNERN?

In offiziellem Rahmen mit einem unbekannten Gegenüber ins Gespräch zu kommen und eine unverfängliche Konversation zu treiben erfordert einiges Geschick. Häufig hilft ein wenig Humor, das Eis zu brechen. Auf der sicheren Seite sind Sie für den Anfang mit persönlichen Komplimenten: Sie sehen ja gut aus! Sie haben aber abgenommen! Sie wirken um Jahre jünger! Auch in der Politik werden Schmeicheleien gerne gehört. Begnadete Small Talker besitzen die Fähigkeit, sich blitzschnell Namen zu merken, um ihre Gesprächspartner so zu verblüffen. Immer hilfreich ist es, wenn Sie über persönliche Verbindungen zum Heimatland

Ihres Gastes berichten können. Wenn Sie Ihrem Gegenüber schon einmal begegnet sind, fragen Sie ihn nach seiner Familie. Damit machen Sie selten etwas falsch.

### Häufig gestellte Fragen
### WO ÜBERNACHTEN GÄSTE DES VATIKAN?

Die meisten Besucher wohnen in Domus Sanctae Marthae (Haus der hl. Martha), dem 1996 fertig gestellten Vatikan-Gästehaus. Im Gegensatz zu den eher spartanischen Gästezimmern im Vatikanpalast sind die 107 Suiten des fünfstöckigen Gebäudes mit Zentralheizung, Klimaanlage und eigenen Bädern komfortabel ausgestattet. Der Speisesaal im Erdgeschoss ist mit eleganten, großen, runden Tischen bestückt. Das Haus der hl. Martha kann es zwar nicht mit einem Fünf-Sterne-Hotel aufnehmen, aber fortschrittlicher als die frühere Unterbringung ist es allemal.

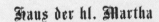

Haus der hl. Martha

### Häufig gestellte Fragen

**DARF ICH BESUCHER ZUM ESSEN EINLADEN?**

Ob Sie beim Essen Gesellschaft haben wollen oder nicht, bleibt Ihnen überlassen. Manche Päpste, wie z. B. Pius XII., haben ihre Mahlzeiten wenn irgend möglich allein eingenommen. Andere, wie JP II, zogen bei Tisch die Gesellschaft von Gästen oder Mitarbeitern vor. Unter diplomatischen Aspekten ist es angeraten, Brot und Wein mit Ihren Gästen zu teilen. Letztlich dürfen Sie aber frei entscheiden.

### Päpstliches Grundwissen

**WIE BEGRÜSSE ICH HOCHRANGIGE STAATSGÄSTE?**

Sie gelten weltweit als hoch geachtete moralische Autorität, und Staatsmänner und Politiker, die zu Ihnen kommen, sind im Zweifel aufgeregter, Ihnen zu begegnen, als umgekehrt. Ihr Gegenüber wird deshalb viel zu nervös sein, um kleine Abweichungen vom Protokoll zu registrieren.

- ✳ **Präsident der Vereinigten Staaten:** Begrüßen Sie ihn mit einem festen Händedruck. Beim zweiten Mal darf ein familiärer Klaps auf die Schulter dazukommen.
- ✳ **Kaiser von Japan:** Eine tiefe Verbeugung in der Hüfte.
- ✳ **Dalai Lama:** Neigen Sie den Kopf, ohne Augenkontakt aufzunehmen.
- ✳ **Königin von England:** Nehmen Sie ihren Händedruck an (nicht zu fest) und reden Sie sie mit »Your Majesty« an. Drehen Sie ihr nicht den Rücken zu und verlassen Sie den Raum immer erst nach ihr.
- ✳ **Bundeskanzlerin:** Auch wenn Sie ein Kavalier alter

Schule sind – ein Handkuss wäre nicht angemessen! Belassen Sie es bei einem (nicht zu festen) Händedruck.

✷ **CSU-Vorsitzender:** Nach einem freundlichen »Grüß Gott!« dürfen Sie sich ruhig auch eine informelle Bemerkung erlauben wie »Na, haben Sie wieder Ihre ganze Landtagsfraktion mitgebracht?«.

### Häufig gestellte Fragen
### GEBE ICH EIGENTLICH PRESSEKONFERENZEN?

Ihre unmittelbaren Vorgänger haben in der Segnungshalle über dem Portikus des Petersdoms hin und wieder öffentliche Statements abgegeben. Doch erst JP II machte aus den zuvor meist nichtssagenden Verlautbarungen ein improvisiertes Frage-und-Antwort-Spiel mit der begeisterten italienischen Presse.

### BESUCHE AN DER BASIS

Um die Kirchenlehre zu verbreiten und Ihre Anhänger bei der Stange zu halten, ist es unerlässlich, dass Sie ab und an den direkten Kontakt zur Basis aufnehmen. Das bedeutet, Sie werden jedes Jahr mehrere Auslandsreisen unternehmen. Spitzenreiter auf diesem Gebiet war JP II, der in 27 Amtsjahren 104 offizielle Auslandseinsätze absolvierte und dabei 129 verschiedene Länder besuchte.

**WIE VIELE SPRACHEN MUSS ICH SPRECHEN KÖNNEN?**

Je mehr, desto besser. JP II sprach fließend Deutsch, Englisch, Französisch, Italienisch, Lateinisch, Russisch und natürlich Polnisch. Kardinal Giuseppe Mezzofanti (geb. 1774) soll 39 Sprachen beherrscht haben ...

### Zu Eurer Heiligkeit Information

**BIBELZITATE**

Mit den folgenden Bibelzitaten, die sich für fast jede Gelegenheit eignen, kommen Sie gut durch den Tag.

---

*Du bist Petrus und auf diesen Felsen werde ich meine Kirche bauen und die Mächte der Unterwelt werden sie nicht überwältigen.*
MATTHÄUS 16,18

*Selig, die ein reines Herz haben; denn sie werden Gott schauen.*
MATTHÄUS 5,8

*Ihr könnt nicht beiden dienen, Gott und dem Mammon.* MATTH. 6,24

*Die Liebe freut sich nicht über das Unrecht, sondern freut sich an der Wahrheit.* 1. KORINTHER 13,6

*Was nützt es einem Menschen, wenn er die ganze Welt gewinnt, dabei aber sein Leben einbüßt? Um welchen Preis kann ein Mensch sein Leben zurückkaufen?* MATTHÄUS 16,26

*Lass dich nicht vom Bösen besiegen, sondern besiege das Böse durch das Gute!* RÖMER 12,21

 **Häufig gestellte Fragen**

## HABE ICH AUF EINE BESTIMMTE ART ZU WINKEN?

Ihr Winken soll die Menschen erleuchten. Winkeln Sie den
Ellenbogen an und heben Sie die Hand, wobei die Finger
locker gestreckt bleiben. Dann lassen Sie die Hand langsam
wieder sinken. Wiederholen Sie die Geste bei Bedarf.

Enzyklika

# Deus caritas est

Gott ist die Liebe

Benedikt XVI

# KAPITEL V

# Besondere Verantwortungsbereiche

Abgesehen von den päpstlichen Tagesgeschäften und den rituellen Verpflichtungen gibt es noch einige andere Bereiche, für die Sie Ihrem Arbeitsvertrag entsprechend jetzt die Verantwortung tragen. So sind Sie u. a. für die Nominierung neuer Heiliger, für die Beglaubigung von Wundern und für die Ernennung neuer Kardinäle zuständig. Außerdem erwartet man von Ihnen Veröffentlichungen zu drängenden Fragen der Kirche, also die öffentliche Ausübung Ihrer Richtlinienkompetenz. Auch für Disziplinarmaßnahmen im Personalbereich sind Sie die höchste Instanz. Und schließlich beaufsichtigen Sie die kirchlichen Organe, die mit Exorzismus befasst sind.

## Päpstliches Grundwissen
### HEILIGSPRECHUNGEN

Sie allein sind für die Ernennung von neuen Heiligen zuständig. Und da Ihre Entscheidung, einen Menschen heilig zu sprechen, als unfehlbar gilt, stehen dabei das Ansehen und die Glaubwürdigkeit der Kirche auf dem Spiel. Mit der Person, die Sie auswählen, signalisieren Sie der Öffentlichkeit, welche Grundwerte Ihnen am Herzen liegen. An dem langwierigen Ernennungsprozess sind zwar viele Instanzen beteiligt, dennoch liegt die Entscheidung letztlich bei Ihnen.

✳ Die Kongregation für die Selig- und Heiligsprechungsprozesse ist die Abteilung, die Vorschläge aus den regionalen Kirchenverbänden entgegennimmt, die Kandidaten vorsortiert und Dossiers erstellt, auf deren Grundlage Sie entscheiden können.

✳ Der Kongregation, die von einem Kardinal geleitet wird, arbeiten 150 weitere Kollegen zu.

✳ Sie können davon ausgehen, dass immer rund 1500 Anträge auf Heiligsprechung vorliegen.

✳ Zu jedem Kandidaten wird Ihnen eine so genannte *positio* vorgelegt: eine formelle schriftliche Begründung für die Heiligsprechung. Sie enthält auch eine ausführliche Biografie, Zeugenaussagen, Pressematerial über die Verdienste des Betroffenen sowie ggf. Berichte der Kongregation über Wunder, die mit dem Kandidaten in Verbindung gebracht werden.

❧ Nach dem Studium der *positio* entscheiden Sie, ob Sie den Kandidaten für eine offizielle Anerkennung, für eine Seligsprechung oder – im besten Fall – für eine Heiligsprechung für geeignet halten.

## Zu Eurer Heiligkeit Information
### DER WEG ZUR HEILIGSPRECHUNG

**Anerkennung:** Nach dem Tod eines Kandidaten können Sie diesen als »Person großer Tugendhaftigkeit« würdigen.

**Seligsprechung:** Der Bewerber wird in einer bestimmten Diözese oder für einen bestimmten Lebensbereich als Vorbild und Objekt der Verehrung freigegeben. Dem so Geehrten wird der Beiname »der selige« zuerkannt. Voraussetzung: Der Kandidat muss mindestens ein anerkanntes Wunder vollbracht haben. Benedikt XVI. hat die Bekanntgabe von Seligpreisungen an den Präfekten der zuständigen Kongregation delegiert. Es ist Ihnen aber möglich, diese Entschei-dung rückgängig zu machen und Seligsprechungen wieder zur Chefsache zu erklären.

**Heiligsprechung:** Dem Kandidaten wird der Status eines Heiligen zugesprochen, der das Aufenthaltsrecht im Himmel besitzt. Er wird zur Verehrung innerhalb der ganzen Kirche frei-gegeben und ab sofort als der »heilige xy« bezeichnet. Für die Heiligsprechung muss der Kandidat mindestens zwei anerkannte Wunder vollbracht haben.

**BERÜHMTE HEILIGE**

**Petrus:** Er war einer der Jünger Jesu und wurde der erste, von Jesus persönlich eingesetzte Papst. Er wurde schließlich von den Römern ermordet. Vermutlich starb er am Kreuz, möglicherweise wurde er aber auch den Löwen vorgeworfen.

**Nikolaus:** Im frühen 4. Jh. Bischof von Myra (heute Türkei). Er wurde heilig gesprochen, weil er drei Unschuldige vor der Hinrichtung bewahrte und drei armen Mädchen Gold für die Heirat schenkte. Davon leitet sich auch der Brauch ab, zum Tag des hl. Nikolaus Geschenke zu verteilen.

**Patrick:** Geboren um 373, gilt er als der Missionar, der ganz Irland zum Katholizismus bekehrte. Dem einstigen Sklaven gelang es, sich zu befreien und nach Frankreich zu fliehen. 38 Jahre später kehrte er zurück, um die Lehre Christi zu verbreiten und Irlands verlorene Seelen zu retten.

**Franz von Assisi:** 1182 als Spross einer reichen Familie geboren, widmete er nach der Entlassung aus einer Kriegsgefangenschaft sein Leben der Kirche. In Rom gab er sein Geld weg, um fortan als Bettler zu leben. Er ist der Gründer des Franziskanerordens, dessen Anhänger sich einem Leben in Armut, Keuschheit und Demut verschreiben.

**Johanna von Orléans (Jeanne d'Arc):** 1412 geboren, begann die heilige Johanna schon als Kind, Stimmen zu hören, die sie dazu aufforderten, das damals von den Engländern besetzte Frankreich zu befreien. Mit 17 vertraute man ihr eine kleine Armee an, deren Erfolge den König von Frankreich zurück auf den Thron brachten. Später wurde sie gefangen genommen, an England verkauft und dort auf dem Scheiterhaufen verbrannt. Kurz nach ihrem Tod wurde sie von der Kirche rehabilitiert und fünf Jahrhunderte später heilig gesprochen.

**Pater Pio:** Der Pater aus Süditalien soll 1918 die fünf Wundmale Christi bekommen haben. Von der Kirche lange mit Sanktionen belegt, bekam er 1947 Besuch von einem jungen Priester namens Karol Wojtyla. Der wurde später als Papst Johannes Paul II. bekannt und sorgte dafür, dass Pater Pio heilig gesprochen wurde.

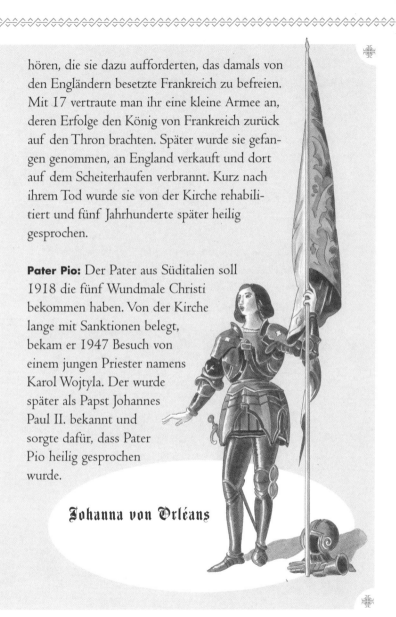

### Johanna von Orléans

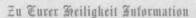

Zu Eurer Heiligkeit Information

## FAKTEN ZUM THEMA HEILIGSPRECHUNG

✤ Mit der Praxis, Menschen zu Heiligen zu erklären, wurde etwa um 100 n. Chr. begonnen. Viele der ersten Heiligen waren Märtyrer, die für ihren Glauben gestorben waren.

✤ Im Laufe der Zeit wurden ca. 10 000 Personen heilig gesprochen; eine offizielle Namensliste existiert aber nicht.

✤ In seiner 27-jährigen Amtszeit machte JP II Hunderte zu Heiligen und beaufsichtigte fast 1000 Seligsprechungen. Zum Vergleich: In den 400 Jahren zuvor hatte es nur 302 Heilig- und rund 2000 Seligsprechungen gegeben.

✤ Das langwierige Auswahlverfahren nach einer Nominierung kann bis zu 100 000 Euro kosten, die von der vorschlagenden Kongregation bzw. Diözese aufgebracht werden müssen.

✤ Bei der großen Zahl von Heiligen bleibt es nicht aus, dass viele denselben Namen tragen. So gibt es den hl. Antonius 16-mal. Zur Unterscheidung werden Beinamen verwendet, wie z. B. Antonius der Abt oder Antonius der Eremit.

✤ Schutzheilige sind Heilige, denen das Patronat für eine bestimmte Gruppe von Menschen, Tieren oder Dingen übertragen wurde. So ist die hl. Dymphma die Schutzheilige der Geisteskranken, der hl. Werenfrid schützt die Gemüsegärtner, die hl. Lucia die Torhüter.

## Päpstliches Grundwissen
### BEGLAUBIGUNG VON WUNDERN

Sie haben die Aufsicht über das Verfahren, mit dem ungewöhnliche Begebenheiten offiziell zu Wundern erklärt werden. Ihr Urteil ist entscheidend, weil jeder Bewerber für den Heiligenstatus mindestens zwei beglaubigte Wunder nachweisen muss. Natürlich haben auch die wissenschaftlichen Erkenntnisse der jüngeren Vergangenheit dafür gesorgt, dass manches früher unerklärliche Phänomen heute in einem anderen Licht gesehen wird. Außerdem hat die Kirche klare Kriterien vorgegeben.

✣ Die Wunder, die die Kommission immer noch am meisten überzeugen, sind die medizinischen Wunder – wenn also ein Kandidat einen Gläubigen von einer unheilbaren Krankheit (Krebs, Polio etc.) heilt.

✣ Nach erfolgter Heilung wird der Vorgang von einem Expertenteam untersucht. Aus einem Pool von 100 italienischen Ärzten, der so genannten *Consulta Medica*, werden neun Mediziner – darunter Spezialisten für die jeweilige Krankheit – ausgewählt. Der Ärzterat muss einstimmig feststellen, dass die Heilung nicht auf natürlichem Wege oder durch medizinische Behandlung eingetreten ist.

✣ 1969 ließ der Vatikan 40 Heiligen den Status wieder aberkennen, nachdem man deren Referenzen noch mal geprüft hatte. In einigen Fällen hielten die »Wunder« der Überprüfung nicht stand, in anderen ließ sich nicht nachweisen, dass der Betreffende überhaupt existiert hat.

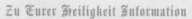
## WUNDERSAME BEGEBENHEITEN

**Am 9. Dezember 1531** erschien einem einfachen Mann
namens Juan Diego die Jungfrau Maria, die ihm auftrug, dem
Bischof mitzuteilen, dass an dieser Stelle eine Kirche zu errichten
sei. Doch der Bischof verlangte ein Zeichen. Die Jungfrau Maria
zeigte sich Juan Diego ein zweites Mal und befahl ihm, Rosen zu
pflücken, die sie eigens für ihn erblühen ließ. Als Juan Diego mit
den Rosen zum Bischof zurückkam, ließ er sie aus seinem Um-
hang fallen, wobei die Blumen ein Marienbild auf dem Stoff
zurückließen. Das genügte dem Bischof, und so entstand an dieser Stelle in Mexiko-Stadt die Basílica de la Virgen de Guade-
lupe. Juan Diego wurde 2002 von JP II heilig gesprochen.

**John Nepomucene Neumann** war Mitte des 19. Jh.s Bischof
in Philadelphia und wurde 1977 heilig gesprochen, nachdem
man einen Zusammenhang zwischen ihm und mehreren medizinischen Wundern zu erkennen glaubte.
In einem Fall wurde ein Kind, das an Knochenkrebs litt, geheilt,
nachdem Neumanns Name in Gegenwart des Kindes gefallen
war – 83 Jahre nach dem Tod des Bischofs!

**In Fatima, Portugal,** erschien die Jungfrau Maria drei
Kindern, denen sie für den 13. Oktober 1917 ein Wunder
in Aussicht stellte. Am besagten Tag hatte sich eine große
Menschenmenge versammelt, und sie wurde nicht enttäuscht. Die
Sonne verwandelte sich in eine silbern glänzende Scheibe, die am
Himmel zu tanzen begann.

# Basílica de la Virgen de Guadelupe

**1992 war ein U-Boot** der peruanischen Marine havariert und drohte zu sinken. Ein Matrose schickte ein Stoßgebet zur Marija des gekreuzigten Jesus, einer kroatischen Nonne, die für ihr wohltätiges Wirken in Lateinamerika bekannt ist. Nach dem Gebet gelang es, das entscheidende Schott zu schließen, was den mehr als 20 Seeleuten das Leben rettete.

## DIE KARDINÄLE

* Kardinäle werden auf Lebenszeit ernannt; es sei denn, sie werden selbst zum Papst befördert.

* Mit 20 Planstellen ist Italien das Land mit den meisten Kardinälen.

* Obwohl nur 26,1 % aller Katholiken dieser Welt in Westeuropa leben, sind hier fast ein Drittel (46) aller Kardinäle stationiert.

* Das Durchschnittsalter der Kardinäle beträgt 71,7 Jahre.

* Der jüngste Kardinal, der je in Amt und Würden kam, war mit hoher Wahrscheinlichkeit Luis Antonio de Borbón, der Sohn von König Philipp V. von Spanien. Der König hatte 1735 darauf bestanden, dass seinem erst acht Jahre alten Sohn dieses Amt übertragen wurde, was Papst Klemens XII. dann auch willfährig tat.

* Der Papst, der in seiner Amtszeit die meisten Kardinäle ernannte, war – man ahnt es bereits – JP II, der es auf 231 Ernennungen brachte.

* Es gibt auch die Möglichkeit, Kardinäle inkognito zu ernennen; der Fachterminus dafür lautet *in pectore*. Das kann aus politischen Gründen zum Schutz des Betroffenen notwendig sein. Dann wird die Vereinbarung zwar abgezeichnet, der Name aber nicht veröffentlicht. Natürlich kann der Betroffene seinen Titel auch nicht führen.

## Päpstliches Grundwissen
### ERNENNUNG VON KARDINÄLEN

Diese Personalentscheidung liegt allein in Ihrer Verantwortung. Bedenken Sie aber, dass Ihre Wahl weitreichende Konsequenzen hat, u. a. auch für die inhaltliche Ausrichtung der gesamten Kirche. Rein formal dürfen Sie jeden einstellen, der den Job gerne haben möchte. In der Praxis gibt es jedoch Grenzen. So können Sie es sich nicht erlauben, einfach einen Laien oder einen Verwandten zu ernennen – wütende Proteste der Presse und der Basis wären die Folge.

✤ **Denken Sie langfristig.** Kardinäle können je nach Lebensdauer sehr lange im Amt sein. Die Person, die Sie auswählen, kann in der Lage sein, die Geschicke der Kirche jahrzehntelang zu beeinflussen. Sie kann vielleicht wichtige Positionen innerhalb der Kurie übernehmen. Sie sollten Ihre Kandidaten deshalb nicht nur nach deren Managerqualitäten aussuchen, sondern auch dafür Sorge tragen, dass der zukünftige Mitarbeiter inhaltlich auf Ihrer Linie liegt und Ihre Vision für die Zukunft des Unternehmens teilt.

✤ **Kümmern Sie sich rechtzeitig um Ihre Nachfolge.** Wenn Kardinäle das 80. Lebensjahr erreichen, sind sie im Konklave nicht mehr stimmberechtigt. Da das Einstellungsalter von Kardinälen im Schnitt ohnehin recht hoch ist, sind Sie manchmal gezwungen, neue Kardinäle nachzunominieren, um die Beschlussfähigkeit des Konklaves zu gewährleisten. Denken Sie daran: Die Kardinäle, die Sie ernennen, wählen Ihren Nachfolger im Amt. Und einer Ihrer Kandidaten könnte der nächste Papst werden!

✳ **Belohnen Sie verdiente Mitarbeiter.** Die Ernennung zum Kardinal ist eine Ehre, die nur wenigen Kirchenmännern zuteil wird. Es ist also durchaus legitim, einen langjährigen Mitarbeiter auf diese Weise auszuzeichnen, auch wenn er das 80. Lebensjahr schon überschritten hat.

✳ **Unterstützen Sie neue, wachstumsorientierte Diözesen.** Die Kardinäle sind die höchsten Kirchenvertreter vor Ort. Die Herkunft eines neu ernannten Kardinals wird – ob Sie wollen oder nicht – immer als Signal dafür gewertet, welche Region der Erde der Kirchenleitung gerade wichtig ist. Wenn Sie den Anspruch der Kirche, ein *global player* zu sein, unterstreichen wollen, sollten Sie genug Kardinäle aus außereuropäischen Ländern ernennen.

### Päpstliches Grundwissen
### DAS VERFASSEN VON ENZYKLIKEN

Enzykliken sind offene Briefe, die Sie an alle Bischöfe verschicken. Sie sind zur Veröffentlichung gedacht und geben die Richtlinien für die offizielle Meinung der Kirche in religiösen wie politischen Fragen vor.

## WELTWEITE VERTEILUNG DER KARDINÄLE

Westeuropa stellt die mit Abstand größte Fraktion der insgesamt 117 im Konklave wahlberechtigten Kardinäle.

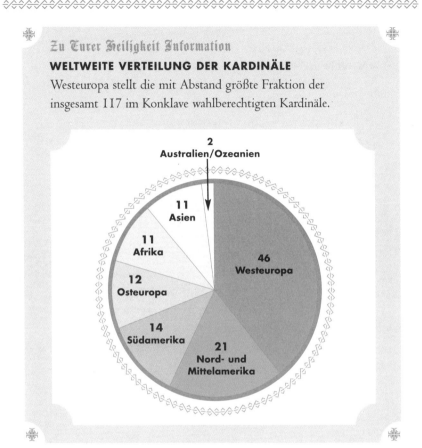

**2**
**Australien/Ozeanien**

**11**
**Asien**

**11**
**Afrika**

**12**
**Osteuropa**

**14**
**Südamerika**

**46**
**Westeuropa**

**21**
**Nord- und**
**Mittelamerika**

Häufig gestellte Fragen

## WER SCHREIBT EIGENTLICH DIE ENZYKLIKEN?

Das hängt ganz davon ab, ob Sie Ambitionen haben, Ihre Enzykliken selbst zu schreiben, oder ob Sie diese Aufgabe lieber an Ihre Redenschreiber delegieren wollen. Pius XII. z. B., der als erster Papst eine Schreibmaschine benutzte, erledigte den Großteil seiner Schreibarbeiten selbst.

### Häufig gestellte Fragen
## AN WEN WENDEN SICH DIE ENZYKLIKEN?

Mit den Enzykliken wird die Lehrmeinung der Kirche verbreitet. Sie wenden sich somit an alle Glaubensbrüder und -schwestern, die dazu aufgerufen sind, den dargelegten Leitlinien vertrauensvoll zu folgen. Jede Enzyklika, die Sie verfassen, wird im Büro gewissenhaft in viele verschiedene Sprachen übersetzt und weltweit verbreitet.

### Zu Eurer Heiligkeit Information
## DIE GEHEIMARCHIVE

Über die Jahrhunderte hat jeder Papst zu dieser versteckten und megageheimen Bibliothek von Fakten, Statistiken, Ideen und Kirchenmeinungen seinen Beitrag geleistet.

* Die Geheimarchive sind in einem feuerfesten Bunker unter dem Pigna-Hof vor dem Gebäude der Museen des Vatikan untergebracht.

* In über 20 Regalkilometern lagern hier Bücher, Briefe und persönliche Papiere fast aller Päpste, die im Vatikan gelebt haben.

* Zu den Beständen zählen historische Dokumente von unschätzbarem Wert – wie z. B. ein Gesuch des englischen Königs Heinrich VIII. an Papst Klemens VII., die Scheidung von seiner Gattin Katharina von Aragon vollziehen zu dürfen – sowie Briefe von Berühmtheiten wie Michelangelo, Napoleon und Dschingis Khan.

### Häufig gestellte Fragen
## WORÜBER SOLL ICH SCHREIBEN?

Sie können schreiben, über was Sie wollen, auch wenn sich einer Ihrer Vorgänger bereits dazu ausgelassen hat. Man erwartet aber, dass Sie sich der Themen annehmen, die Ihnen am Herzen liegen bzw. die dringend einer Klarstellung bedürfen.

### Häufig gestellte Fragen
## WAS SIND APOSTOLISCHE BRIEFE?

Apostolische Briefe sind auch öffentliche Verlautbarungen, befassen sich aber im Gegensatz zu Enzykliken eher mit Spezialproblemen und Teilaspekten und richten sich demzufolge auch an eingeschränkte Adressatenkreise.

## EXKOMMUNIKATIONEN

Sie sind verantwortlich für die Umsetzung und Einhaltung der Kirchenlehre. Sie könnten deshalb theoretisch in die Verlegenheit kommen, ein Mitglied der Kirche exkommunizieren zu müssen. Allerdings wird diese Strafe immer seltener angewandt. Die Exkommunikation ist die höchste Strafe, die Sie verhängen können: der vollständige Ausschluss aus der Kirche. Der oder die Betroffene wird danach zwar noch als Christ angesehen, ist aber aus der Gemeinde ausgeschlossen und gilt als nichtexistent, bis der reuige Sünder wieder den richtigen Weg eingeschlagen hat und dies auch glaubwürdig machen kann.

## Zu Eurer Heiligkeit Information
### MIT EXKOMMUNIKATION WIRD U. A. BESTRAFT, WER ...

* ... ein Mitglied des Klerus angreift oder verletzt oder einen Dritten dazu anstiftet;
* ... die Lehrmeinung der Kirche ablehnt und damit zum Ketzer wird;
* ... die Schriften eines Ketzers verbreitet;
* ... Apostolische Briefe fälscht oder Fälschungen in Umlauf bringt;
* ... sich duelliert oder die Herausforderung zu einem Duell annimmt;
* ... zu den Freimaurern übertritt.

## Häufig gestellte Fragen
### GEHÖRT EXORZISMUS ZU MEINEM AUFGABENBEREICH?

Es ist denkbar, dass Sie bei besonders schweren Fällen hinzugezogen werden. Pius XII. (1939–58) musste persönlich eingreifen, als es Monsignore Balduccini, einem der beiden damals vom Papst autorisierten Exorzisten, nicht gelang, einem Opfer mehr als neun von zehn Dämonen auszutreiben, die von der armen Seele Besitz ergriffen hatten. Erst als Pius XII. erschien, ließ auch der zehnte böse Geist von seinem Opfer, das völlig unversehrt blieb, ab.

## Häufig gestellte Fragen
### BERECHNET DIE KIRCHE FÜR DIESEN SERVICE GEBÜHREN?

Nein. Die Dienstleistung ist für das Opfer nicht kostenpflichtig, auch wenn sich die Behandlung in Extremfällen monatelang hinziehen kann.

### EXORZISMUS

Natürlich kann es immer mal passieren, dass ein böser Geist von einem Katholiken Besitz ergreift. Zu Ihren Aufgaben zählt es nicht, den Exorzismus selber vorzunehmen, Sie sind aber verantwortlich für die Ausbildung der Priester und Bischöfe, die vor Ort die nötigen Maßnahmen einleiten.

✳ Exorzismus ist ein Ritual, mit dem Gott dazu gebracht werden soll, dem Dämon zu befehlen, von seinem Opfer abzulassen. Das Ritual wurde von Paul V. 1614 erstmals angewandt und ist seitdem – von wenigen kleinen Modifizierungen abgesehen – kaum verändert worden.

✳ Ein Exorzismus beginnt damit, dass Gebete gesprochen und Psalmen gelesen werden. Dann werden Teile des Evangeliums verlesen, vorzugsweise Stellen, die sich mit Besitzergreifungen befassen, während der Priester das Zeichen des Kreuzes macht und die rechte Hand auf das Opfer legt. Es folgen weitere Gebete inklusive des Ave-Maria. Alle Gebete werden auf Lateinisch gesprochen, der Muttersprache aller bösen Geister.

# KAPITEL VI

# Reisen und Sicherheit

Bevor JP II mit dem Besuch von 129 Ländern während seiner Amtszeit neue Maßstäbe setzte, hatten sich viele Päpste damit begnügt, die Geschicke der Kirche von ihrem Büro im Vatikan aus zu leiten. Heute wird vom Amtsinhaber erwartet, dass er die ganze Welt bereist und nahezu ständig Öffentlichkeitsarbeit betreibt. Bei diesem Ausmaß an öffentlicher Präsenz spielen Sicherheitsaspekte eine große Rolle. Damit Sie Ihre Auslandsreisen in den heutigen Zeiten sicher und planmäßig absolvieren können, ist in der Vorbereitung und bei der Durchführung ein hoher logistischer Aufwand vonnöten. Sie werden sich daran gewöhnen müssen, auf Reisen ständig von Security-Personal begleitet zu werden.

## DAS PAPAMOBIL

Das beliebteste päpstliche Fortbewegungsmittel ist entgegen landläufiger Meinung nicht der VW Golf, sondern das Papamobil. Das erste Sicherheitsfahrzeug dieser Art wurde von der britischen Firma Rover nach dem Attentat auf JP II (1982) gebaut. Dann stieg der Vatikan auf Mercedes um, weil die deutschen Autobauer einen Aufbau aus schusssicherem Glas entwickelt hatten, der es dem Heiligen Vater ermöglichte, den Gläubigen während der Fahrt zuzuwinken. Inzwischen sind nicht weniger als 20 Papamobile an verschiedenen Standorten rund um den Globus stationiert, sechs stehen allein in den Garagen des Vatikan.

### Häufig gestellte Fragen

### WIE VIEL BENZIN VERBRAUCHT DAS PAPAMOBIL?

Der geringe Benzinverbrauch ist nicht gerade das Pfund, mit dem ein Papamobil wuchern kann – schließlich geht es in erster Linie um Ihre Sicherheit. Wie viel Liter auf 100 km das Fahrzeug genau braucht, hängt natürlich auch von dem jeweiligen Fahrzeugtyp ab; nicht alle Papamobile sind baugleich. Bei einem durchschnittlichen Leergewicht von vier Tonnen nähert sich der Benzinverbrauch dem eines mittleren LKWs, jedenfalls liegt er bei weit über 20 Litern auf 100 km.

## Papamobil

### WELCHES AUTOKENNZEICHEN HAT MEIN WAGEN?

Alle Fahrzeuge, mit denen Sie fahren, tragen rot auf weißem Grund die Buchstaben-Ziffern-Kombination *SCV I*.

Das steht für *Stato della Città del Vaticano*. Alle anderen offiziellen Fahrzeuge des Vatikan sind nur mit *SCV* – und zwar schwarz auf weißem Grund – gekennzeichnet.

## PÄPSTLICHER FUHRPARK – DATEN & FAKTEN

* Abgesehen von Rover und Mercedes haben inzwischen auch Fiat, Renault, Peugeot, GM, Toyota und VW Spezialfahrzeuge für den päpstlichen Gebrauch geliefert. Die astronomischen Kosten für den gesamten Fuhrpark sind nie beziffert worden, da alle Fahrzeuge von den jeweiligen Firmen »gesponsert« wurden.

* Früher ließen sich die Päpste häufig in Schmucksänften durch die Gegend tragen, von denen einige im Historischen Museum ausgestellt sind. Nach der Erfindung des Automobils ließ der Vatikan einige Modelle anschaffen, die heute jeden Oldtimer-Fan begeistern. Papst Pius XI. war vernarrt in die italienische Marke Isotta Fraschini, während Pius XII. Spezialanfertigungen von Cadillac bevorzugte. Zu seinem Fuhrpark gehörten auch ein Bianchi, ein Fiat 525 und ein Graham-Paige. Pius XII. soll seine Fahrer mit lauten »Velocità!«-Rufen gern dazu angehalten haben, schneller zu fahren.

* Ein Papamobil ist mit schusssicherem Glas und Stahlplatten gesichert. Außerdem wurde ein Spezialgetriebe entwickelt, das im Notfall eine hohe Beschleunigung im Vorwärts- wie im Rückwärtsgang ermöglicht.

* Als Geschenk zum 26-jährigen Dienstjubiläum überreichte Ferrari JP II 2004 eine maßstabsgerechte Verkleinerung von Michael Schumachers Original-Formel-I-Rennwagen – in Ferrari-Rot, nicht in Purpur ...

## AUSLANDSREISEN

Die Planung einer Auslandsreise ist eine komplexe und
schwierige Angelegenheit, die ein großes Logistikteam lange
beschäftigt. Ein Besuch im Ausland kann – je nach Ziel-
gebiet – eine Vorbereitungszeit von bis zu zwei Jahren erfor-
dern, ehe alle Modalitäten mit dem Gastgeberland geklärt
sind. Reisen in Ihr eigenes Heimatland sind rascher zu orga-
nisieren. So schaffte es Benedikt XVI. – vormals Kardinal
Ratzinger –, nur vier Monate nach seiner Amtseinführung
bereits den Weltjugendtag 2005 in Köln zu besuchen.

### Häufig gestellte Fragen
#### HABE ICH EIN EIGENES FLUGZEUG?

Nein, für Flugreisen wird ein Privatjet gechartert. Es gibt
aber einen Helikopter und den von Johannes XXIII.
*Helicopterum* getauften Landeplatz, für den leider ein paar
Tennisplätze geopfert werden mussten. Der »Papakopter«
bringt Sie zu einem der römischen Flughäfen, nach Ciam-
pino für Inlandsflüge oder nach Fiumicino für internationale Verbindungen, oder zu Ihrem Landsitz Castel Gandolfo.

### Häufig gestellte Fragen
#### WER KOMMT EIGENTLICH FÜR DIE REISEKOSTEN AUF?

Die Hauptlast der Reisekosten trägt nicht die Kirche, sondern das Gastgeberland, das Unterkunft und Verpflegung zu
stellen und für Ihre Sicherheit zu sorgen hat. Zu den Kos-

ten, die der Gastgeber zu tragen hat, gehören auch alle Auf-
wendungen für Absperrungen, verkehrstechnische Maßnahmen und Überstunden der polizeilichen Einsatzkräfte.

### Häufig gestellte Fragen
### HABE ICH EIN EIGENES REISEBÜRO?
Die Vorbereitung beginnt mit einer Kommission, die lange
vor Ihrem Reisetermin in das betreffende Land reist, um das
Terrain zu sondieren. Die Kommission arbeitet eine Route
aus und macht Vorschläge für die Stationen. Wenn diese
Phase abgeschlossen ist, was Monate, u. U. sogar Jahre dau-
ern kann, übernimmt Ihr Privatsekretariat die Feinplanung.

### Häufig gestellte Fragen
### HABE ICH EINEN REISEPASS?
Ja, Sie gehören zu den wenigen Glücklichen, die die Staatsbürgerschaft des Vatikan und damit auch einen offiziellen
Reisepass bekommen. Der des Papstes ist übrigens weiß und
trägt die Bezeichnung »Heiliger Stuhl, Nr. 1«.

### Häufig gestellte Fragen
### MUSS ICH DURCH DIE ZOLLKONTROLLE?
Als höchster Repräsentant eines souveränen Staates genie-
ßen Sie auf Ihren Reisen diplomatische Immunität, was
Ihnen die üblichen Zoll- und Sicherheitskontrollen erspart.

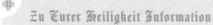

## DEN BODEN KÜSSEN

Wenn Sie bei der Ankunft in einem Land zum ersten Mal das
Flugzeug verlassen, wird erwartet, dass Sie den Boden küssen
(aus hygienischen Gründen ist es ratsam, den Kuss nur anzudeu-
ten). Mit dieser symbolischen Geste bezeugen Sie Ihren Respekt
vor dem Land. Wie Sie wissen, besitzt der Kuss im Ritualreper-
toire eine große Bedeutung – so müssen ja z. B. auch Bischöfe
vor Ihnen niederknien und den Fischerring küssen.

**Der Bodenkuss**

### Päpstliches Grundwissen

## PÄPSTLICHE ETIKETTE

Denken Sie daran, dass Sie auf Reisen nahzu ununterbrochen im Fokus des öffentlichen Interesses stehen. Es wird erwartet, dass Sie unter keinen Umständen die Contenance verlieren und Ihr Auftreten stets der Würde des Amtes entspricht. Das bezieht sich selbstverständlich auch auf alle Aktivitäten sowie auf Ihre Garderobe. Da Sie als Würdenträger der Kirche in offizieller Mission unterwegs sind, tragen Sie stets Ihre Dienstkleidung *(s. S. 23–25)*. Ausnahmen sind nur bei besonderen äußeren Umständen gestattet. So stehen Ihnen bei niedrigen Außentemperaturen ein weißer Parka und bei sonstigen widrigen Wetterbedingungen weiße Stiefel zur Verfügung.

### Häufig gestellte Fragen

## DARF ICH EINE SONNENBRILLE AUFSETZEN?

Da Sie es vermeiden sollten, auf Ihre Mitarbeiter und normale Gläubige unnahbar und arrogant zu wirken, und es zudem der Respekt vor dem Gesprächspartner verbietet, die Augen hinter dunklen Gläsern zu verbergen, werden Sie im Normalfall keine Sonnenbrille aufsetzen. Dennoch sind Situationen denkbar, die das Tragen einer Sonnenbrille möglich machen. So brachte Rocksänger Bono von U2 bei seinem Besuch in Castel Gandolfo JP II einmal eine modische Sonnenbrille als Geschenk mit. Und der Papst ließ es sich nicht nehmen, die Brille bei seinen Spaziergängen durch die sonnendurchfluteten Gärten seines Landsitzes zu tragen.

## Päpstliches Grundwissen

### SICHERHEIT

Als Oberhaupt der größten christlichen Konfession müssen Sie auf politisch motivierte Angriffe und Attentate immer gefasst sein – angesichts der zzt. sehr angespannten Beziehungen zwischen dem Christentum und dem Islam heute mehr denn je. Für Ihre Sicherheit sorgt eine Eliteeinheit, die rund um die Uhr in Alarmbereitschaft steht.

### DIE SCHWEIZERGARDE

Die Männer dieser Spezialtruppe, die 2006 ihr 500-jähriges Bestehen feiern konnte, haben die Aufgabe, Sie zu schützen, wenn nötig unter Einsatz ihres Lebens. Sie bewachen die drei Haupteingänge zum Vatikan sowie den Palast selbst. Die Wachen vor Ihren Diensträumen sind 24 Stunden im Einsatz. Auch in Castel Gandolfo und auf Auslandsreisen ist die Schweizergarde für Ihre Sicherheit verantwortlich.

❋ Sie ernennen den Gardekommandanten, der im Range eines Obersts steht. Er ist Ihnen direkt unterstellt und darf den Titel »Kammerherr Seiner Heiligkeit« tragen.

❋ Mit einer Sollstärke von 110 Gardisten ist die Schweizergarde die kleinste Armee der Welt.

❋ Neue Rekruten müssen sich auf zwei Jahre verpflichten. Da nicht alle danach verlängern, ist die Führung der Garde gezwungen, ständig Nachwuchs anzuwerben und neue Rekruten auszubilden. *(Weiter auf S. 106)*

## GESCHICHTE DER SCHWEIZERGARDE

✤ Die Schweizergarde wurde 1506 von Papst Julius II. gegründet, der vom Schweizer Militärwesen tief beeindruckt war. Die ersten 150 angeworbenen Söldner zogen zu Fuß über den Gotthardpass gen Rom. Mehr als einmal schickte Julius II. seine kleine Privatarmee auch in den Kampf, vor allem gegen französische Okkupationstruppen.

✤ Als 1527 deutsche und spanische Landsknechte in Diensten Karls V. Rom eroberten, entging die Schweizergarde nur knapp ihrer vollständigen Vernichtung. 147 Männer inklusive des Kommandanten und seiner Frau wurden bei der Verteidigung des Petersdoms getötet. Den letzten Überlebenden gelang es dennoch, Klemens VII. und etlichen Kardinälen die Flucht in die sichere Engelsburg zu ermöglichen.

✤ Die auffällige farbenprächtige Uniform in Blau, Gelb und Rot wurde im Auftrag Benedikts XV. 1914 von einer Näherin des Vatikan entworfen. Angeblich hat sich die fantasievolle Modedesignerin von einem Gemälde Raffaels inspirieren lassen. Bei der Ausbildung sowie vor 8 und nach 20 Uhr tragen die Gardisten übrigens nur eine schlichte blaue Uniform mit weißem Kragen.

# Gardist in Paradeuniform

*(Fortsetzung von S. 103)*

* Wer bei der Schweizergarde angenommen werden will, muss Schweizer sein, in der Heimat Militärdienst geleistet haben, katholisch, ledig und mindestens 1,74 m groß sowie bei Eintritt nicht älter als 30 Jahre sein.

* Während der Ausbildung üben die Rekruten den Nahkampf mit Schwert und Hellebarde, wie es seit 500 Jahren Tradition ist. Fitnesstraining steht ebenso auf dem Programm wie der Umgang mit modernen Handfeuerwaffen sowie das Verhalten bei Antiterroreinsätzen.

* Standardwaffe ist die 2 m lange Hellebarde. Der eiserne Brustpanzer und der mit roten Straußenfedern verzierte Helm werden nur zu besonderen Anlässen angelegt.

* Das Tragen von Schmuck, langen Haaren und jeder Art von Bart ist verboten.

* Heiraten dürfen Gardisten erst nach längerer Dienstzeit; Damen- oder Herrenbesuch in der Kaserne ist untersagt.

* Auf Patrouille im Vatikan dürfen Gardisten keine Feuerwaffen mehr tragen; das schaffte Paul VI. 1970 ab. Im Ernstfall wird der Heilige Stuhl mit Hellebarden verteidigt.

* Die feierliche Vereidigung neuer Rekruten findet jedes Jahr am 6. Mai zum Gedenken an die Plünderung Roms durch Söldner Karls V. im Jahre 1527 statt. Zu den Feierlichkeiten reisen alljährlich auch zahlreiche Veteranen und Ehemalige der Garde an.

## Zu Eurer Heiligkeit Information

### DER GEHEIMDIENST

Der Vatikan besitzt einen der ältesten Geheimdienste der Welt. Die genaue Zahl der hauptberuflichen Agenten, die aus naheliegenden Gründen nicht bekannt ist, dürfte aber nicht sehr hoch sein. In der jüngeren Vergangenheit war der Geheimdienst hauptsächlich damit befasst, fremde Spione aus dem Vatikan fern zu halten.

---

* Ein Großteil der Arbeitszeit geht dafür drauf, den Vatikan nach Wanzen abzusuchen. Vor allem vor einem Konklave (also der Klausur der Kardinäle zur Wahl eines neuen Papstes) müssen systematisch alle Möbelstücke, Wände, Vorhänge, Lampen und Elektroleitungen sowie Wasser- und Abflussrohre gecheckt werden.

* Während eines Konklaves ist die Benutzung von Handys, Laptops und sonstigen elektronischen Kommunikationsmitteln verboten, damit Hacker und Abhörspezialisten keine Chance haben, sich illegal Informationen zu beschaffen.

* Während des Konklaves 2005, bei dem Kardinal Ratzinger zum neuen Papst gewählt wurde, mussten sich alle Kardinäle beim Betreten des Konklavesaals nach Handys und anderen elektronischen Geräten absuchen lassen.

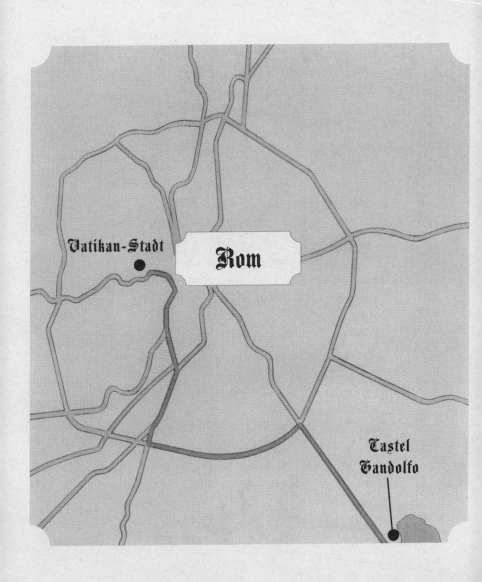

## KAPITEL VII

# 𝕽𝖚𝖍𝖊 𝖚𝖓𝖉 𝕰𝖗𝖍𝖔𝖑𝖚𝖓𝖌

Selbst der Papst braucht mal Urlaub. Bei einem derart stressigen Job mit einer Wochenarbeitszeit von bis zu 168 Stunden (sind Sie eigentlich schon Mitglied bei ver.di?) sind regelmäßige Auszeiten dringend notwendig. Ihre persönliche Chill-out-Zone ist der päpstliche Landsitz in Castel Gandolfo, gut 20 km südlich von Rom am Lago Albano gelegen. Hier können Sie im Sommer der drückenden Hitze Roms entkommen. Zur Freizeitgestaltung finden Sie aber auch im Vatikan schon Angebote: Spa und Fitnessstudio, Bowlingbahn und Billardtische bieten Erholung und vertreiben die Langeweile. Wenn Sie eher kulturell interessiert sind, werden Sie die Mußestunden in den wunderbaren Museen des Vatikan zu schätzen wissen.

### Päpstliches Grundwissen

**FREIZEIT & ENTSPANNUNG**

So unterschiedlich wie die Päpste selbst waren auch ihre Methoden, beruflichen Stress abzubauen. JP II liebte Outdoor-Aktivitäten, vor allem Bergwandern und Schwimmen. Pius XI. (1922–39) galt als passionierter Bergsteiger und hat das Matterhorn und den Montblanc bestiegen. Außerdem war er verrückt nach Autos: 16 verschiedene standen seinerzeit in der Garage, darunter drei Cabrios. Pius IX. (1846–78) liebte Billard und nutzte jede Gelegenheit zu einem Spielchen. Julius II. (1503–13) verbrachte jede freie Minute auf einem Schiff. Solange Ihre Freizeitbeschäftigung nicht zu gefährlich ist und Ihrem Ansehen nicht schadet, können Sie also machen, was Sie wollen.

❉ Nach langer Schreibtischarbeit tut ein bisschen Bewegung gut: Nehmen Sie sich eine Auszeit und gehen Sie im Kraftraum aufs Laufband, oder stemmen Sie Gewichte.

❉ Johannes XXIII. (1958–63) ließ eine Bowlingbahn anlegen, die sich noch immer großer Beliebtheit erfreut. Wenn er nicht die Kugeln rollen ließ, hielt er sich gerne auf dem Turm der Winde auf, um mit dem Fernglas das Geschehen in den Straßen Roms zu beobachten.

❉ Neben den päpstlichen Gärten, die der Öffentlichkeit zugänglich sind, gibt es im Vatikanpalast noch einen privaten Dachgarten mit Brunnen und Spalieren direkt über Ihrer Dienstwohnung. Der Garten ist so angelegt, dass er von keiner Seite aus einsehbar ist und Sie seine Schönheit ohne Angst vor Paparazzi genießen können.

## DARF ICH MEINEM INTERESSE FÜR SPORT NACHGEBEN?

Ja. Das Interesse für Sport ist im Vatikan immer groß gewesen. JP II soll 1978 sogar darum gebeten haben, die Zeremonie zu seiner Amtseinführung vorzuverlegen, um die Fernsehübertragung eines Fußballspiels nicht zu verpassen. Auch Pius XII. war als Fußballfan bekannt, so dass seine Kardinäle schon witzelten, die einzige Möglichkeit, seine Aufmerksamkeit zu erregen, sei es, im Trikot seiner Lieblingsmannschaft zur Audienz zu erscheinen. Eine Nationalmannschaft besitzt der Vatikan zwar nicht, aber immerhin eine eigene Liga: Dort treffen die Teams der einzelnen Büros und Abteilungen aufeinander.

## DARF ICH FREUNDE MIT NACH HAUSE BRINGEN?

Ja. Enge Freunde können Sie in Ihrem Zweitapartment im Johannesturm unterbringen. Dorthin müssen Sie auch ausweichen, wenn Ihre Dienstwohnung renoviert wird.

### Häufig gestellte Fragen

## DARF ICH EIN HAUSTIER HALTEN?

Laut Hausordnung ist das Halten von Tieren und Käfigvögeln zwar ausdrücklich untersagt, in der Praxis wird es Ihnen aber niemand verwehren. Eine große Tradition hat die Haustierhaltung im Vatikan jedenfalls nie gehabt. Am beliebtesten waren noch Vögel: Pius XII. besaß einen Kanarienvogel namens Gretchen, einige andere Päpste, wie Martin V. und Pius II., hielten Papageien. Im 16. Jh. entschied sich Julius III. für die Gesellschaft von Affen, während Leo X. einen weißen Elefanten namens Hanno sein Eigen nannte, der es zu einiger Berühmtheit brachte. Martin Luther missbilligte es seinerzeit zutiefst, mit welch kindlichem Stolz Leo X. seinen Hanno in den Straßen Roms zur Schau stellen ließ.

### Häufig gestellte Fragen

## DARF ICH ALKOHOL TRINKEN?

JP II gönnte sich ab und an ein Glas Chianti, und auch Pius XII. ließ sich sein tägliches Glas Rotwein nicht nehmen. Selbst auf Reisen führte er eine persönliche Notration mit. Ausgefallene Wünsche (Weißbier, Doppelkorn etc.) müssen Sie bei Ihrer Küchenschwester anmelden.

### Häufig gestellte Fragen

## WAS FINDE ICH IN DER DVD-SAMMLUNG VOR?

Um eins klarzustellen: Was Sie sich in Ihrer Freizeit anschauen, ist allein Ihre Sache. Welche Filme der Vatikan offiziell für wertvoll hält, können Sie einer Liste entnehmen, die 1995 zum 100. Geburtstag des Kinos veröffentlicht wurde. Nominiert als »sehenswert« wurden in den Kategorien »Religion«, »Werte« und »Kunst« u. a. folgende Filme:

* **Religion:** *Ben Hur, Die Mission, Babettes Fest, Die Passion der Jeanne d'Arc* (ein Stummfilm aus dem Jahr 1928)
* **Werte:** *Fahrraddiebe, Die Faust im Nacken, Gandhi, Das Leben ist schön!, Schindlers Liste, Die Stunde des Siegers*
* **Kunst:** *Citizen Kane, 8 ½, Nosferatu, Fantasia, 2001 – Odyssee im Weltall, Der Zauberer von Oz*

## KUNST IM VATIKAN

Da zu allen Zeiten die berühmtesten Künstler der Welt für die Kirche gearbeitet haben, ist im Laufe von 2000 Jahren eine beeindruckende Sammlung zusammengekommen – allen voran die wunderbaren Fresken Michelangelos in der Sixtinischen Kapelle. Schauen Sie sich an, was immer Sie wünschen: von antiken Skulpturen über Kunst der Renaissance bis zu Gemälden von Giotto, Caravaggio oder Poussin. Jeff Koons ist allerdings noch nicht vertreten.

## DIE SIXTINISCHE KAPELLE

In der Sixtinischen Kapelle gibt es weit mehr zu sehen als
»nur« Michelangelos weltberühmte Deckenfresken.

---

❧ Die Bilderzyklen zu Moses (Südwand) und Jesus (Nord-
wand) sowie die Portraits diverser Päpste (Südwand, Nord-
wand, Eingangsbereich) wurden alle von einem Künstlerteam
angefertigt, zu dem Pietro Perugino, Sandro Botticelli,
Domenico Ghirlandaio und Cosimo Rosselli gehörten. Sixtus
IV. hatte die Arbeiten, die im August 1483 fertig gestellt
wurden, in Auftrag gegeben.

❧ Das Deckenfresko besteht aus neun Bilderzyklen zur Genesis:
von der Schöpfung über den Sündenfall bis zur Sintflut und
zur Wiedergeburt der Menschheit. Für die Ausführung des
Auftrags, den Papst Julius II. ihm im Mai 1508 erteilt hatte,
benötigte Michelangelo vier Jahre.

❧ Die fertige Kapelle wurde 1512 zu Allerheiligen
(1. November) feierlich eingeweiht.

❧ Beeindruckt vom herrlichen Deckengemälde, überredete
Klemens VII. Michelangelo zwanzig Jahre später zu einem
weiteren Werk: An der Altarwand begann der Meister 1536
mit einer Darstellung des Jüngsten Gerichts.

❧ Um sich an einem sittenstrengen Kirchenmann zu rächen, der
sich über die Darstellung nackter Körper im Jüngsten Gericht
beschwert hatte, portraitierte Michelangelo den Kritiker in
einer Ecke des Gemäldes mit Eselsohren.

Die
Sixtinische
Kapelle

**WAS PASSIERT MIT MINDERWERTIGER KUNST?**

Der Vatikan ist zwar berühmt für seine einzigartige Kollektion großer Meisterwerke, in den Archiven findet sich aber auch eine große Zahl weniger gelungener Artefakte. Sie werden in einer Art Asservatenkammer, dem Floreria-Palast, gehortet. In diesem gigantischen Magazin lagert ein Sammelsurium aus alten Thronen, bröckelnden Büsten, erbärmlichen Marienstatuen und ausgemusterten Möbeln sowie eine Sammlung von beeindruckend grauenhaften Gemälden, die dem Vatikan zumeist als Geschenke überlassen wurden.

**Häufig gestellte Fragen**

### HABE ICH FREIEN ZUGANG ZU ALLEN KUNSTWERKEN?

Ja, natürlich. Eine besondere Perle der Kunst haben Sie gleich vor der Wohnungstür. Im zweiten Stock des Vatikanpalasts liegen die Raffael-Säle: vier Räume mit Fresken und Gemälden des unerreichten Meisters der Hochrenaissance – das zweitwertvollste Gesamtkunstwerk des Vatikan nach der Sixtinischen Kapelle.

### FREIZEITKLEIDUNG

Das Protokoll hat seine Grenzen. Schließlich macht es wenig Sinn, mit Soutane in die Muckibude zu gehen. Sie dürfen also die für ein Fitnessstudio angemessene Kleidung anlegen. Bitte achten Sie bei Turnhose und Muscle-Shirt auf dezente Farben, am besten Weiß oder Schwarz.

**Häufig gestellte Fragen**

### DARF DER PAPST JEMALS ZIVILKLEIDUNG TRAGEN?

Die Vorschriften für die Kleiderordnung sind mittlerweile nicht mehr so streng wie noch vor ein paar Jahrzehnten. 1884 lautete die Dienstanweisung noch: »Mitglieder des Klerus haben sowohl bei der Ausübung religiöser Tätigkeiten als auch zu Hause immer Talar zu tragen.« Zwar müssen Sie auch heute noch bei allen öffentlichen Auftritten und zu offiziellen Terminen Ihre Dienstkleidung tragen, in Ihrer Freizeit oder im Urlaub haben Sie heute aber deutlich mehr Spielraum. JP II z. B., der ein begeisterter Skiläufer war, trug auf der Piste auch einen zünftigen Skianzug – den allerdings nicht im üblichen päpstlichen Weiß, sondern im priesterlichen Schwarz. So war er für die übrigen Skiläufer wenigstens rechtzeitig als Hindernis zu erkennen.

## DAS PÄPSTLICHE URLAUBSDOMIZIL

Päpstliches Ferienhaus ist seit 1626 die Sommerresidenz in Castel Gandolfo in den Albaner Bergen südöstlich von Rom. Hier, in nur 25 km Entfernung vom Vatikan, sorgen die frischen Winde vom Lago Albano auch im Hochsommer für ein angenehmes Klima. Ihre Vorgänger haben in der Regel den Spätsommer hier verbracht. Aber um Missverständnissen vorzubeugen: Um Urlaub im landläufigen Sinne handelt es sich dabei nicht! Es wird erwartet, dass Sie Ihre Amtsgeschäfte weiterführen, dass Sie Termine wahrnehmen und für Anfragen Ihrer Mitarbeiter zur Verfügung stehen.

### Häufig gestellte Fragen

### AUF WIE VIEL TAGE URLAUB HABE ICH ANSPRUCH?

Sich mal ein Wochenende freizunehmen ist immer möglich. Vereinbart ist ein Jahresurlaub von maximal zwei Wochen am Stück. Allerdings werden Sie in diesen kostbarsten Wochen des Jahres keine Einsamkeit genießen können, weil Sie stets von Bodyguards begleitet werden. Aber immerhin kommen Sie mal raus und sehen etwas von der Welt.

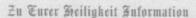

## Zu Eurer Heiligkeit Information
## CASTEL GANDOLFO – DATEN & FAKTEN

---

- Die Sommerresidenz liegt auf einem Anwesen, das mit 56 ha um ein Viertel größer ist als der Vatikan selbst.
- Rund 100 fest angestellte Mitarbeiter kümmern sich um Pflege und Unterhalt von Haus und Anlage. Dazu kommt Ihr persönlicher Stab, der Sie aus dem Vatikan hierher begleitet: Ihre Haushaltsnonnen, Ihr Sekretariat, Ihr Kammerherr sowie 17 Schweizergardisten.
- Ein separates, von akkurat gepflegten Hecken umgebenes Gebäude steht Ihnen für Meetings und für den Empfang von hochrangigen Besuchern zur Verfügung.
- Die Gartenanlagen auf der anderen Seite der Straße erreichen Sie bequem über eine Fußgängerbrücke.
- Als passionierter Schwimmer ließ JP II einen Swimmingpool anlegen, so dass Sie heute jederzeit ein erfrischendes Bad nehmen können. Leider sind die Paparazzi etwas lästig, denen es einmal gelungen ist, JP II in der Badehose zu erwischen – seinerzeit noch ein echter Aufreger.
- In unmittelbarer Nachbarschaft befindet sich das päpstliche Gut, das Ihre Küche das ganze Jahr über mit Obst und Gemüse, Eiern und Milchprodukten versorgt.
- Zur Sommerresidenz gehört sogar ein gut bestücktes Observatorium, das Sie und Ihre Gäste für einen Blick in den Himmel nutzen können – ungetrübt von den störenden Lichtern und Abgasen der Großstadt Rom.

# Castel Gandolfo

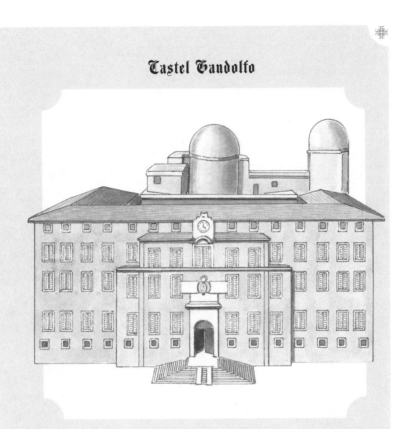

✤ Während des Zweiten Weltkriegs fanden in der Residenz zahlreiche aus Deutschland geflohene jüdische Familien Unterkunft. Pius XII. soll Tausende von Flüchtlingen vor den Nazis in Sicherheit gebracht haben.

# Anhang

## EINZELHEITEN ZUM ARBEITSVERTRAG
### Vergütung

Als Papst bekommen Sie kein Gehalt. Dafür können Sie alle Einrichtungen des Vatikan und in Castel Gandolfo sowie alle Dienstleistungen kostenlos in Anspruch nehmen, auch Kost und Logis sind frei. Sie werden rund um die Uhr von Bodyguards geschützt und dürfen die Papamobile ohne Kilometerbegrenzung entgeltfrei nutzen. Alle Kosten für Dienst- und Urlaubsreisen werden übernommen.

### Medizinische Versorgung

Sie sind privat krankenversichert, inklusive Einbettzimmer und freier Arztwahl – auch auf Reisen und im Ausland.

### Pensionierung

Theoretisch ist der Arbeitsvertrag Ihrerseits kündbar, d. h., Sie können zurücktreten. De facto haben in den vergangenen 2000 Jahren aber nur zehn Ihrer Vorgänger von dieser Möglichkeit Gebrauch gemacht, zuletzt Gregor XII. Ende des 15. Jh.s. Die von JP II erst 1996 überprüfte Gesetzeslage besagt gleichwohl, dass ein Papst nach wie vor das Recht zurückzutreten hat, solange er diesen Schritt in freier Entscheidung und im Vollbesitz seiner geistigen Kräfte vollzieht. Im kanonischen Gesetzbuch heißt es dazu: »Sollte es dazu kommen, dass der Pontifex Maximus zurücktritt, muss gewährleistet sein, dass dieser Rücktritt seinem freien Willen entspricht und dass die Absicht dazu deutlich und unmissverständlich kundgetan wird. Die Zustimmung irgendeiner anderen Person ist nicht erforderlich.« Nach Ihrem Rücktritt dürfen Sie den Titel eines Bischofs oder Kardinals weiterführen. Den Status der Unfehlbarkeit dürfen Sie für sich nicht mehr in Anspruch nehmen, er ist an das Amt gebunden und nicht an die Person. Ihre Krankenversicherung bleibt bestehen, Kost und Logis im Vatikan bleiben bis zu Ihrem Tod frei. Die päpstliche Dienstwohnung müssen Sie allerdings räumen.

## Zusätzliche Quellen

In den folgenden Büchern, Zeitungen und Internetseiten finden Sie weitere Informationen zum Thema:

### LITERATUR

Guido Knopp, *Vatikan - Die Macht der Päpste*, 1998

Reinhard Barth/Friedemann Bedürftig (Hg.), *Das Papstlexikon*, 2005

Alois Uhl, *Die Päpste und die Frauen*, 2005

Alfons Schweiggert, *Unser Papst aus Bayern Benedikt XVI.*, 2005

Christof Güsken, *Der Papst ist tot*, 2004

Josef Gelmi, *Die schönsten Papstanekdoten von Petrus bis Johannes Paul II. - Wundersame Legenden und mysteriöse Geschichten*, 2003

R. Monaldi/F. Sorti (Hg.), *Atto Melani: Die Geheimnisse der Konklaven und die Laster der Kardinäle*, 2005

Markus Klein (Hg.), *Lustiges und nicht Lustiges über Papst Benedikt XVI.*, 2006

### PERIODIKA

*L'Osservatore Romano*
*Rheinischer Merkur*
*Katholische Sonntagszeitung*
*Die Minipost - Zeitschrift für Ministrantinnen und Ministranten*
*Liboriusblatt - Wochenzeitschrift für die Familie*

### WEBSITES

www.vatican.va
www.kath.net
www.zdk.de
www.kreuz.net
www.christen-heute.de
www.altglaeubig.de

# Register